schreib.korrekt

**Rechtschreibung und Zeichensetzung
mit Grammatik, Ausdruck und Stil**

Für die Fachhochschulreife oder das Abitur

Herausgegeben von:
Manfred Maier

Autorin und Autoren:
René Gyurcsik
Manfred Maier
Ulrich Mezger
Hans R. Spielmann
Ilke Vehling

Ernst Klett Verlag
Stuttgart · Leipzig

Inhaltsverzeichnis

Was Sie zum Üben wissen sollten

Grundsätzliches

Korrektes Schreiben ist wichtig, um im späteren **Beruf** akzeptiert zu werden. Außerdem zeigen Sie damit **Respekt** gegenüber Ihrem Kommunikationspartner.

In diesem Heft üben Sie an Wörtern und Wendungen, die in der **berufsfachlichen Ausbildung** geläufig sind.

Da korrekte Rechtschreibung und Zeichensetzung nicht ohne Grammatikkenntnisse möglich sind, wird **Grammatik** in die Übungseinheiten integriert.

Die **Regeln** sind so verständlich formuliert, dass Sie sich diese leicht einprägen können.

Um Ihnen die Lösung der Aufgaben zu erleichtern, finden Sie **Hinweise** in der rechten Randspalte und **Beispiele**.

Jede Aufgabe ist mit einem **Schwierigkeitsgrad** gekennzeichnet: ○ = leicht, ◑ = mittel, ● = schwer.

Mit diesem Heft können Sie auch selbstständig **individuell lernen**. Denn alle Lösungen sind per Online-Code abrufbar (einfach auf der Klett-Homepage www.klett.de ganz oben den Code eingeben, der am Ende jedes Kapitels steht).

Am Ende jedes Rechtschreibthemas steht ein **Abschlusstest**, sodass Sie Ihre Fortschritte überprüfen können. Sie wissen dann auch genau, welche Übungsteile Sie noch einmal wiederholen sollten.

Gesonderte Übungen zu **Stil**, **Ausdruck** sowie Grammatik werden Ihnen dabei helfen, sich schriftlich besser auszudrücken.

Das Heft im Unterricht

Beginnen Sie beim Üben mit dem Kapitel, in dem Sie den größten Übungsbedarf haben. Dies wissen Sie selbst, erkennt die Lehrkraft oder wird durch einen Eingangstest ermittelt.

Es ist ratsam, nicht mehr als zweimal 40 Minuten am Tag zu üben und jeweils im nächsten Übungsblock das Gelernte zu wiederholen. Falls Sie schon fundierte Kenntnisse haben, können Sie die leichten Aufgaben auslassen, sollten aber alle Regeln und Hinweise zum jeweiligen Kapitel lesen.

Das Heft in der Projektwoche und im Kompaktkurs

Dies ist eine Übungsform, die sehr viel Konzentration und Durchhaltevermögen erfordert, weil Sie relativ viel auf einmal üben müssen und der zeitliche Rahmen begrenzt ist.
Beginnen Sie auch hierbei – wie oben beschrieben – mit dem Kapitel, in dem Sie den größten Übungsbedarf haben. Vergessen Sie nicht das Wiederholen.

Ungeübtes können Sie nach diesem Kurs in aller Ruhe in dem für Ihren Kenntnisstand angemessenen Arbeitsrhythmus fortsetzen.

Das Heft zur Auffrischung der Kenntnisse

Sie haben alles schon einmal gelernt, aber doch vieles vergessen und wollen wieder fit sein?
Dann können Sie das Heft einfach von vorne bis hinten durcharbeiten, denn es ist nach Fehlerhäufigkeit aufgebaut. Falls Sie selbst wissen, was Sie am ehesten brauchen, beginnen Sie mit dem entsprechenden Kapitel.
Wenn Sie noch von einer Lehrkraft betreut werden, wird sie Ihnen vorschlagen, was Sie in welchem Rhythmus üben sollten.

Viel Erfolg mit diesem vielseitig nutzbaren Heft!

Autoren und Verlag

Groß- und Kleinschreibung

Das sind nur 4 Dinge:
1. Substantive
2. Substantivierungen
3. Namen
4. Satzanfänge

Grundsätzlich wird ja im Deutschen kleingeschrieben. Was wird dann aber großgeschrieben?

Regel 1:
Substantive werden großgeschrieben.

1 **Schreiben Sie ein Messgerät in der richtigen Schreibweise mit dem passenden unbestimmten Artikel auf.**

☐ineal, ☐aßband, ☐eterstab, ☐ahrtmesser, ☐rmbanduhr, ☐ollstock, ☐eelöffel, ☐ompass, ☐eigerzähler, ☐aage, ☐essbecher

2 **Bilden Sie aus den folgenden Wörtern und Silben je ein Substantiv, das ein Messgerät bezeichnet, und notieren Sie es.**

nensonuhr – entmesserungsfern – fettwaagekörper – messerwinkel – uhratom – blutmessgerätdruck – zählerwasser – komselpasskrei– kenwaagebal – ragerätdar

3 **Schreiben Sie den Fachbegriff für die unten abgebildeten Messgeräte in der richtigen Schreibweise mit dem passenden bestimmten Artikel im Singular und in der Pluralform auf.**

A B C D

Zu 1 bis 3:

Die Wortart des **Substantivs** bezeichnet konkrete und abstrakte Dinge.

Konkrete Dinge (Objekte) sind mit den Sinnen wahrnehmbar.
Man kann sie tasten, schmecken, hören, sehen oder riechen.

Man erkennt Substantive daran, dass sie
– einen **Artikel** haben können (*der, die, das* oder *ein, eine, ein*) und man sie
– **deklinieren** kann (im Singular und Plural verwenden bzw. in die verschiedenen Fälle setzen: Nominativ, Genitiv, Dativ, Akkusativ).

4 Schreiben Sie die 5 in der Tabelle versteckten Substantive (senkrecht und waagrecht) in der richtigen Schreibweise mit dem bestimmten Artikel auf und setzen Sie diese im Singular in die vier Fälle.
Beispiel:
der Mut (**Nominativ**, Frage: wer oder was?), *des Mutes* (**Genitiv**, Frage: wessen?), *dem Mut* (**Dativ**, Frage: wem?), *den Mut* (**Akkusativ**, Frage: wen oder was?)

Zu 4:
Abstrakte (immaterielle) Dinge sind nicht mit den Sinnen wahrnehmbar. Sie bezeichnen Nicht-Gegenständliches.

S	G	H	K	L	I	P	D	F	F	N	H	Z	K	I
S	G	Z	K	L	R	M	A	S	S	E	H	A	E	A
I	W	E	W	O	E	B	T	E	D	R	U	C	K	W
T	H	I	M	W	L	Ä	N	G	E	B	I	I	A	E
P	T	T	K	M	S	D	V	E	Z	O	H	L	S	U
G	F	J	V	E	L	A	U	T	S	T	Ä	R	K	E
G	H	L	T	A	E	A	H	K	B	I	A	E	B	T

5 Notieren Sie gebräuchliche Substantive mit den Endungen -ei, -heit, -keit, -nis, -schaft, -tum, -ung

Verhält-, Ein-, Wachs-, Einsatzbereit-, Ablager-, Ergeb-, Genauig-, Hauswirt-, Effekthascher-, Mess-, Träg-, Beständig-, Rechner-.

Zu 5 und 6:
Substantive kann man auch an den folgenden **Endungen** erkennen:
-ei, -er, -heit, -keit, -nis, -tum, -schaft, -ung

6 Schreiben Sie je ein Substantiv mit den im Hinweis genannten Endungen und dem passenden bestimmten Artikel auf.
Beispiel: messen → *die Messung*

wissen – echt – ersparen – altern – prüfen – bedienbar – trödeln – erben – abkühlen – eigen – kennen – frei – dichten – spielen

7 Notieren Sie die einzelnen Fremdwörter mit dem bestimmten Artikel.

ökonomieanalogieakzeptanzvisualisierungmanagementinfrastruktur-kommunikationstechnologieinnovationlogistikcontrollingproduktions-faktorenfokussierungemissionkonjunkturmarketingprokuraakquise

Zu 7 bis 9
Fremdwörter, die Substantive sind, lassen sich an besonderen Endungen erkennen:
-age, -ant, -anz, -eur, -ie, -ine, -ismus, -ik, -ist, -ion, -logie, -lyse, -or, -tion, -tät, -tur

8 Bilden Sie aus den vorgegebenen Silben und Buchstaben Fremdwörter und schreiben Sie diese im Singular und im Plural (wo es möglich ist) auf.
Beispiel: ly-ana-se → *Analyse, Analysen*

vanz-ir-re-le	eur-in-ni-ge	ti-zi-au-then-tät	tor-de-tek
lo-ana-gie	ne- rou-ti	che-kant-mi	ly-ta-se-ka
la-des-til-ti-on	pa-ra-ap-tur	fu-on-si	gie-sio-lo-phy
na-spi-o-ge	lis-a-re- mus	tik-akus	ta-nist-go-pro

9 a) Notieren Sie mit den Silben und Wörtern in Klammern Substantive in der passenden Form (Singular oder Plural).

b) Schreiben Sie die vollständigen Sätze und unterstreichen Sie das Prädikat.

A (art ausdauer sport) signalisieren Stärke.

B (lage nieder) führen oft zum Erfolg.

C (fähigkeit leistungs) ist wichtig.

D (fahrung er) machen klüger.

E (schlag rück) bringen einen oft vorwärts.

F (keit bar belast) ist nicht selbstverständlich.

G (fähigkeit stands wider) ist nicht nur ein Schlagwort.

Zu 9:

Prädikat: Die Satzaussage findet sich in einem Verb wieder. Das Prädikat sagt sagt etwas über das Subjekt aus und stellt eine Verbindung zwischen dem Subjekt und den übrigen Satzgliedern her.

10 Unterscheiden Sie zwischen Prädikat und anderen Satzteilen. Schreiben Sie die vervollständigten Sätze auf und unterstreichen Sie das Prädikat.

A Man sollte keine ▊chwäche ▊eigen.

B Die eigene Position sollte jeder ▊rbeitnehmer ▊ertreten können.

C Dazu sollten die Bewerber mit ▊tresssituationen ▊mgehen können.

D Unsichere Personen sollten sich feste ▊ormulierungen ▊inprägen.

E Auch ein deutlicher ▊lickkontakt ▊trahlt Selbstsicherheit aus.

11 Schreiben Sie nur den fehlenden Artikel und das dazugehörende Substantiv auf.

A ▊ systematische Weiterentwicklung sollte das Ziel eines jeden Menschen sein.

B Dazu gehört ▊ stetige und intensive Nachdenken über die eigenen Handlungen.

C Dabei muss man auch auf ▊ gesunde Art von den Mitmenschen unabhängig werden.

D Man muss nicht nur ▊ eigenen Bedürfnisse kennen, sondern sollte ▊ eigenen Wünsche auch kommunizieren.

E ▊ entscheidendes Ziel ist es, dass man ▊ natürliche Offenheit erreicht.

Zu 11 bis 12:

Artikel und Substantiv im Satz

Artikel stehen nicht immer direkt bei den dazugehörigen Substantiven. Oft stehen zwischen Artikel und Substantiv Adjektive oder andere Wortarten.

Beispiel:

*Die gewaltfreie **Kommunikation** ist anzustreben.*

12 Schreiben Sie die Sätze in der korrekten Schreibweise auf. Ergänzen Sie die fehlenden Anfangsbuchstaben und Endungen.

A Wir können im Normalfall die ▊urzfristig▊ ▊larmierung unseres Körpers gut verkraften.

B Anders wird es, wenn wir unsere Arbeit als eine ▊auerhaft▊ ▊elastung empfinden.

C Dann kann dieser Stress zu einer ▊örperlich▊ und ▊eelisch▊ ▊elastung werden.

D Man meint dann, dass man die ▊nstehend▊ ▊ufgaben nicht mehr bewältigen kann.

E Deshalb sollte man rechtzeitig die ▢otwendig▢ ▢egenmaßnahmen einleiten.

F Dazu gehört eine ▢eplant▢ ▢ntspannung in Form von ▢egelmäßig▢ ▢rholungsphasen.

G Insgesamt ist wichtig, dass man das ▢igen▢ ▢andeln nicht als eine ▢remdbestimmt▢ ▢acht empfindet.

13 Vervollständigen Sie die folgenden Sätze sinnvoll (alle Möglichkeiten) und schreiben Sie diese in korrekter Schreibweise auf. Wählen Sie dazu die folgenden Substantive:

Schuld – Angst – Leid – Pleite – Bange – Not – Recht

A Ich bin ▢

B Mir wird ▢

C Sie tut mir ▢

D Mir ist ▢

E Das Unternehmen ist ▢

F Eile tut ▢

G Das ist mir ▢

14 Schreiben Sie die folgenden Sätze auf. Ergänzen Sie sie mithilfe des Ausschnitts aus dem Wörterbuch mit passenden Wörtern.

A Wenn man eine Präsentation vor großem Publikum halten muss, dann kann einem schon ▢ und ▢ werden.

B Manchmal machen einem die Kollegen auch ▢.

C Am besten ist es, keine ▢ zu haben.

D Auf jeden Fall sollte man seine ▢ nicht zeigen, auch wenn einem ▢ und ▢ ist.

E Es gilt das Motto: „▢ gilt nicht!"

> Zu 13 bis 17:
>
> **Vorsicht:** Substantive können sich in andere Wortarten verwandeln. Dann werden sie kleingeschrieben.
>
> Zu 13 und 14:
>
> Die Substantive *Schuld, Angst, Leid, Pleite, Bange, Not, Recht* können zu Adjektiven werden, wenn sie mit den Verben „sein", „tun" oder „werden" verbunden sind und keinen Begleiter haben.
>
> Sind sie mit anderen Verben (v. a. haben, machen) verbunden, so bleiben es Substantive.
>
> Wenn Sie sich nicht sicher sind, schlagen Sie die korrekte Schreibweise in einem Wörterbuch nach.

bạng, bạn|ge
– banger *u.* bänger; am bangs|ten
u. am bängs|ten ↑K74
Kleinschreibung:
– mir ist angst und bang[e]; ihm
wird ganz bang ↑K70
Großschreibung:
– er hat keine Bange; nur keine
Bange!
– sie hat mir ganz schön Bange
gemacht; jemandem Angst und
Bange machen
– das Bangemachen ↑K82; Bangemachen *od.* Bange machen
gilt nicht

15 Entscheiden Sie, ob es sich um ein Substantiv handelt oder nicht. Schreiben Sie die Sätze in der richtigen Schreibweise auf.

A An der schlechten Beurteilung bin ich selbst (Schuld/schuld).

B Mein Freund denkt, dass der Meister daran (Schuld/schuld) hat.

C Manche behaupten, dass es gar keine (Schuld/schuld) gebe.

D Ich will ja nicht behaupten, dass ich im (Recht/recht) bin.

E Den meisten ist diese Aussage aber nicht (Recht/recht).

16 Schreiben Sie die Sätze neu. Wandeln Sie dabei die unterstrichenen Wörter in Adverbien um.

Beispiel:

Der Mensch ist <u>in der Nacht</u> nicht so leistungsfähig. → *Der Mensch ist* ***nachts*** *nicht so leistungsfähig.*

A ⌐ Man ist <u>am Morgen</u> noch nicht auf Aktivitäten eingestellt.

B ⌐ Die Leistungskurve ist <u>am Vormittag</u> am höchsten.

C ⌐ Man sollte dann <u>am Mittag</u> eine Pause einlegen, damit die Leistung <u>am Nachmittag</u> nochmals stabiler wird.

D ⌐ Man kann <u>im Notfall</u> ja auch für einen Energienachschub sorgen.

E ⌐ Die Leistungskurve ist aber <u>zum größten Teil</u> individuell unterschiedlich.

F ⌐ Viele Menschen arbeiten <u>am Mittwoch</u> gar nicht gerne.

G ⌐ Und <u>am Sonntag</u> denken viele schon an den bevorstehenden Arbeitsbeginn.

H ⌐ Alle Berufstätigen haben <u>am Anfang</u> Umstellungsprobleme.

17 Entscheiden Sie, ob klein- oder großgeschrieben wird. Schreiben Sie die Sätze auf, bei denen Sie sich für die Großschreibung entschieden haben.

A ⌐ Ein B/bisschen Motivation reicht meistens nicht aus.

B ⌐ Kritik wird manchmal wie ein B/bisschen empfunden.

C ⌐ Ein B/bisschen Kritik wird manchmal schon als zu viel empfunden.

D ⌐ Ein Arbeitnehmer sollte ein P/paar Kompetenzen haben.

E ⌐ Ein Tandem besteht aus einem P/paar Mitarbeiter.

F ⌐ Ein Team besteht meist aus ein P/paar Mitarbeitern.

Zu 16:

Substantive können zu **Adverbien** (Umstandswörtern) werden und werden dann kleingeschrieben.
Ein Adverb ist eine Wortart, die nicht veränderbar ist.

Beispiel:

Sie arbeitet ***nachts***.

Zu 17:

Die Begriffe „Paar" und „Bisschen" sind nur in der ursprünglichen Bedeutung Substantive.
Wenn sie zu Pronomen (Fürwörtern) oder Adjektiven (Eigenschaftswörtern) werden, haben sie eine andere Bedeutung und werden kleingeschrieben.

Merkwörter:

Schuld haben	mir wird angst	Recht haben/recht	ein Paar (= 2)
schuld sein	Leid haben	haben/es ist mir recht	ein paar (unbestimmte
Angst haben	leid sein	am Sonntag	Menge)
jemandem Angst	leidtun	sonntags	ein bisschen (eine
machen	im Recht sein	am Abend	kleine Menge, wenig)
		abends	

Regel 2:
Substantivierungen werden großgeschrieben.
Substantivierung ist die Bildung von Substantiven aus ursprünglich anderen Wortarten. Substantivierungen können auch einen Artikel haben und dekliniert werden.

Substantivierte Verben werden großgeschrieben.

1 **Substantivieren Sie die Verben der Textbausteine und notieren Sie die vollständigen Sätze.**
Beispiel:
Das … der … ist wichtig. (Lebensmittelvielfalt genießen)
*Das **Genießen** der Lebensmittelvielfalt ist wichtig.*

A Grundlage ist allerdings nicht das ▮, sondern das ▮. (trinken/essen)
B Das ▮ von ▮ sollte an erster Stelle stehen. (Getreideprodukte und Kartoffeln verzehren)
C Das fünfmalige ▮ von ▮ wird empfohlen. (Obst und Gemüse speisen)
D Das ▮ von ▮ sollte beschränkt werden. (Fleisch konsumieren)

2 **Schreiben Sie für die folgenden Substantivierungen die Möglichkeiten der Deklinierung (Nominativ, Genitiv, Dativ, Akkusativ) auf.**
Beispiel: *das Speisen, des Speisens, dem Speisen, das Speisen*

A das Trinken   **C** das Knabbern   **E** das Dinieren
B das Beißen   **D** das Vertilgen   **F** das Frühstücken

3 **Formulieren Sie die Sätze so um, dass das markierte Verb substantiviert wird.**
Beispiel:
Es ist nicht zu empfehlen, fettreich zu <u>essen</u>. → *Fettreiches Essen ist nicht zu empfehlen.*

A Es ist notwendig, die Milchprodukte zu <u>verzehren</u>.
B Auch ist es unumgänglich, Zucker zu <u>reduzieren</u>.
C Ebenso ist es sinnvoll, Salz im Essen zu <u>dezimieren</u>.
D Es macht auch Sinn, das Essen stressfrei <u>vorzubereiten</u>.
E Man sollte nicht vergessen, sportliche Aktivitäten zu <u>pflegen</u>.

4 **Erstellen Sie eine Tabelle wie diese. Bilden Sie das Partizip Präsens und das Partizip Perfekt und substantivieren Sie diese Formen.**

Verb im Infinitiv	Partizip Präsens	Partizip Perfekt
A essen	*der/die/das Essende*	*das Gegessene*

B verdauen   **D** kauen   **F** kochen   **H** naschen
C trinken   **E** zubereiten   **G** braten   **I** genießen

Zu 1 bis 3:

Verben können **in der Form des Infinitivs** (Grundform) als Substantive verwendet werden.
Sie haben dann neutrales Genus (das) und sind nur im Singular verwendbar. Ein Artikel ist aber nicht zwingend notwendig.

5 Schreiben Sie die substantivierten Partizipien (Präsens oder Perfekt) in der richtigen Schreibweise mit dem bestimmten Artikel auf.

A ⌐ Der ▨ sollte sich immer auf die Mahlzeit konzentrieren. (essen)
B ⌐ Das ▨ verdient unsere volle Aufmerksamkeit. (zubereiten)
C ⌐ Nur so kann man zum ▨ werden. (genießen)
D ⌐ Das schonend ▨ enthält mehr Nährstoffe. (kochen)
E ⌐ Auf Holzkohle ▨ kann gesundheitliche Schäden hervorrufen. (grillen)

6 Schreiben Sie das vollständige Subjekt des Satzes in der korrekten Schreibweise auf und ergänzen Sie einen Artikel.

Beispiel:

… sich gesund ernährende hat Vorteile. → *Der sich gesund Ernährende*

A ⌐ ▨ stets hungernde tut sich keinen Gefallen.
B ⌐ Besonders ▨ voll stillenden sollten sich abwechslungsreich ernähren.
C ⌐ ▨ mit dampf gegarte ist besonders für Kleinkinder geeignet.
D ⌐ ▨ verspeiste muss vom Körper verarbeitet werden.

7 Setzen Sie den bestimmten, den unbestimmten Artikel oder ein passendes Demonstrativpronomen (wo dies möglich ist) jeweils vor der Substantivierung ein und notieren Sie die Sätze in der richtigen Schreibweise.

A ⌐ ▨ (vermeiden) von Fast Food wird stets empfohlen.
B ⌐ ▨ (kochen) sollte eine gute Planung vorausgehen.
C ⌐ ▨ (planen) der Einkäufe kann nämlich viel Geld einsparen.
D ⌐ Bei ▨ (organisieren) sollte man auch die benötigten Mengen möglichst genau beachten.
E ⌐ ▨ (einkaufen) von Sonderangeboten kann diese Planung ergänzen.
F ⌐ ▨ (ändern) des geplanten Speisezettels kann lohnend sein.

8 Schreiben Sie die vollständigen Sätze auf. Ergänzen Sie die substantivierten Verben durch die folgenden Wörter.

– am, aufs, beim, im, zum

– sein, ihr

Beispiel A:

Beim Ausarbeiten eines Projektes sollte ein klares Ziel definiert werden.

A ⌐ ▨ (ausarbeiten) eines Projektes sollte ein klares Ziel definiert werden.
B ⌐ ▨ (definieren) von Projektzielen ist unbedingt zu achten.
C ⌐ ▨ klaren und verständlichen (präzisieren) der Projektziele gehört die Operationalisierbarkeit.
D ⌐ Die Kunst steckt dabei ▨ (formulieren) objektiv messbarer Ziele.
E ⌐ ▨ (auftreten) des Projektleiters kann entscheidend sein.
F ⌐ Die Teams sind für die Ausführung von Arbeitspaketen verantwortlich. ▨ (handeln) ist entscheidend für den Erfolg des Projektes.

Zu 4 bis 5:

Substantivierte Partizipien

Partizip Präsens und Partizip Perfekt sind gebeugte Verbformen, haben aber auch Eigenschaften von Adjektiven. Beide Partizipien können als Substantive verwendet werden. Im Satz nehmen sie dann die Position des Subjekts oder des Objekts ein.

Beispiele:

Partizip Präsens: *der Lesende* oder *die Lesende*
Partizip Perfekt: *das Gelesene, das Eingemachte*

Zu 7:

Artikel und Demonstrativpronomen

Artikel begleiten Substantive. Demonstrativpronomen können diese ersetzen.

– Bestimmter Artikel: *der, die, das*
– Unbestimmter Artikel: *ein, eine, ein*
– Demonstrativpronomen: *dieser, diese, dieses, jener, jene, jenes*

Zu 8 und 9:

Versteckte/ersetzte Artikel

Manchmal sind Substantivierungen schwer zu erkennen, weil der Artikel versteckt oder durch andere Wortarten ersetzt ist.

Die folgenden Wortarten können auf Substantive hinweisen:

– Zusammenlegung von Präposition und Artikel: *beim, am …*
– Possessivpronomen: *mein, dein, sein …*
– Präpositionen: *außer, mit, durch …*

9 **Substantivieren Sie die folgenden Verben, indem Sie eine Präposition und evtl. einen Artikel voranstellen. Notieren Sie nur die einzusetzenden Begriffe.**

Verben: ~~planen und durchführen~~ – festlegen – fixieren – verbessern – beschreiben
Präpositionen: neben – mit – ohne – ~~außer~~ – vor
Beispiel A: *Außer dem Planen und Durchführen des Projekts…*

A ▮▮▮ und ▮ des Projektes muss auch beachtet werden, dass eine Bewertung stattfinden kann.

B ▮▮▮ der Zuständigkeiten kann die Eigenverantwortlichkeit der Projektteilnehmer gefördert werden.

C ▮▮▮ des endgültigen Arbeitsauftrages sollte kein Projekt begonnen werden.

D ▮▮▮ von innerbetrieblichen Abläufen sind oft Kundenwünsche Ausgangspunkt für ein Projekt.

E ▮▮ detaillierten ▮ der Probleme sollten alternative Lösungsmöglichkeiten und Risiken abgewogen werden.

10 **Beugen Sie die unbestimmten Zahlwörter und schreiben Sie sie mit den substantivierten Verben korrekt auf.**
Beispiel: wenig reden → *weniges Reden*

A vereinzelt erscheinen
B gering beteiligen
C häufig verspäten
D weiter schweigen
E zahllos wiederholen
F einzeln aufdecken

Zu 10:

Auch **unbestimmte, gebeugte Zahlwörter*** können auf Substantive hinweisen:
Beispiele:

viel, wenig, gering, vereinzelt, zahllos, ungezählt, einzeln, weitere, sonstige

* gilt auch bei ungebeugten Zahlwörtern, wenn Beugung möglich ist

11 **Kombinieren Sie je ein Adjektiv oder Partizip (A–G) mit einem Verb. Substantivieren Sie die Verben, indem Sie den bestimmten Artikel davorsetzen. Notieren Sie diese Kombinationen in der richtigen Form und Schreibweise.**
Beispiel: leise – reden → *das leise Reden*

Zu 11:

Auch gebeugte Adjektive oder Partizipien können auf Substantive hinweisen.

Adjektive und Partizipien

A langweilendes
B laut
C übertrieben
D unbeherrscht
E unkontrolliert
F unverständlich
G wild

Verben

1 auftreten
2 brüllen
3 gestikulieren
4 bewegen
5 nuscheln
6 betonen
7 herunterbeten

Substantivierte Adjektive und substantivierte Partizipien werden großgeschrieben. Dazu zählen auch Farbadjektive.

12 Bilden Sie substantivierte Adjektive und schreiben Sie sie groß. Ergänzen Sie passend die erste Silbe.

Silben: al – far – schwe – schwie – häss – heu

A die ▇ ten C die ▇ lichen E der ▇ bige
B das ▇ re D das ▇ rige F der ▇ tige

13 Notieren Sie die substantivierten Farbbezeichnungen mit Artikel.
Beispiel: Er log das … vom Himmel herunter. → *das Blaue*

A Das war nicht das ▇ vom Ei. C Das ▇ des Waldes beruhigt.
B Sie trug das kleine ▇. D ▇ wirkt kalt und hygienisch.

14 Notieren Sie die Sätze und setzen Sie substantivierte Adjektive/Partizipien in der vorgegebenen Reihenfolge ein.

einfach/schön – unerklärt/unverstanden – persönlich/unvergessen

A Das ▇ ist oft das ▇. C Das ▇ ist meist das ▇.
B Das ▇ bleibt das ▇.

15 Schreiben Sie die Sprichwörter/Redewendungen korrekt auf, die sich hinter den Wortgruppen verbergen.

A ▇ tappen dunkel C ▇ lassen unklar jemand
B ▇ trüb fischen D ▇ ist das heulen

16 Notieren Sie die Begriffe, die in den Text passen. Bilden Sie dazu substantivierte Adjektive mit der passenden Präposition (+ Artikel).

Präposition (+ Artikel): im, auf, aufs, aus
Adjektive: allgemein – schlecht – ganz – trocken

A Man bleibt nämlich nicht gern ▇ dem ▇ sitzen.
B Wer mutig ist, der kann ▇▇ gehen.
C Merke: ▇▇ kann nichts Gutes werden.
D ▇▇ geht es in diesem Text um das Verhalten von Menschen.

17 Substantivieren Sie die folgenden Adjektive, indem Sie das unbestimmte Zahlwort voranstellen.
Beispiel: unklar – viel = *viel Unklares*

A gut – wenig B lustig – nichts C klebrig – etwas

Zu 14 bis 18:

Wie bei anderen Wortarten weisen

– Artikel, auch versteckte (z. B. *im, am* = Präposition + Artikel),
– Demonstrativpronomen (z. B. *dieser, jener*),
– Possessivpronomen (z. B. *mein, dein, sein*),
– Präpositionen (z. B. *aus, mit, durch*),
– unbestimmte Zahlwörter (z. B. *kein, viel*)
– gebeugtes Adjektiv oder Partizip (z. B. *arrogant – der Arrogante*)

auf **Substantivierungen** hin.

18 Kombinieren Sie sinnvoll je ein Wort aus A – D mit einem aus 1 – 4. Substantivieren Sie die Adjektive/Partizipien, indem Sie „jemand" oder „etwas" und ein Adjektiv oder Partizip voranstellen.
Beispiel A: *etwas unglaublich Schönes*

A	gewohnt	C	beunruhigend	1	neu	3	vergeistigt
B	abgehoben	D	glücklich	2	alltäglich	4	verliebt

19 Bilden Sie aus den folgenden Begriffen gebräuchliche Paarformeln und schreiben Sie diese in der richtigen Schreibweise auf.

reich – hoch – gleich – gleich – alt – arm – gut – groß – niedrig – jung – klein – böse

Zu 19:
Paarformeln
Adjektive werden großgeschrieben, wenn sie in nicht deklinierten Paarformeln zur Bezeichnung von Personen stehen.
Beispiel:
Arm und Reich

20 Stellen Sie die Wie-Frage nach dem Superlativ und schreiben Sie die Superlative in der richtigen Schreibweise auf.

A Diese Schreibtische mit der Marmorplatte sind am (schön).
B Die Farben, die sehr kontrastreich sind, wirken am (interessant).
C Am (beruhigend) wirken die Farben, die sich an die Natur anlehnen.
D Die Lampen, die 2700 bis 3000 Kelvin haben, sind am (angenehm).

Zu 20:
Vorsicht
Superlative mit „am" werden nicht großgeschrieben. Man kann sie mit „wie?" erfragen.

21 Überprüfen Sie, ob das markierte Adjektiv/Partizip sich auf ein Substantiv im Umfeld des Satzes bezieht. Notieren Sie das Bezugssubstantiv und schreiben Sie das Adjektiv/Partizip in der richtigen Schreibweise auf.
Beispiel:
Gutes Benehmen ist in jedem Umfeld wichtig, auch im (b)eruflichen.
Umfeld (Bezugssubstantiv) – **b**eruflichen

A Die Anrede, auch eine (s)pontane, sollte immer höflich sein.
B Titel und Anreden spielen immer eine Rolle, und zwar eine nicht zu (u)nterschätzende.
C Pünktlichkeit ist eine notwendige Eigenschaft, keine (f)reiwillige.
D Korrektes Aussehen ist wichtig, (s)chlampiges wirkt abstoßend.

Zu 21:
Vorsicht
Adjektive oder Partizipien, die sich auf ein Substantiv im Umfeld des Satzes beziehen, werden nicht substantiviert und daher kleingeschrieben.

22 Ergänzen Sie die folgenden Wendungen.

A	durch dick und ▓ gehen	C	▓ und quer
B	über ▓ oder lang	D	nah und ▓

Zu 22:
Vorsicht
Adverbiale Wendungen aus Präposition und artikellosem, nicht dekliniertem Adjektiv werden kleingeschrieben.

Merkwörter:				
im Allgemeinen	im Großen und Ganzen	im Trüben	Groß und Klein	Hoch und
im Folgenden, Folgendes	auf dem Laufenden	Ähnliches	Jung und Alt	Niedrig
im Weiteren	ins Schwarze treffen	im Dunkeln	Arm und Reich	

Substantivierte Zahlwörter werden großgeschrieben.

23 Notieren Sie die folgenden substantivierten Grundzahlen, indem Sie die Endung -er anhängen.

A ⌐ eins (Zeugnisnote)
B ⌐ drei (Sprungturm)
C ⌐ sechs (Gewinnspiel)

D ⌐ acht (Fahrrad)
E ⌐ elf (Fußball)
F ⌐ hundert (Geld)

Zu 23:
Grundzahlen können mithilfe der Endung -er substantiviert werden. Sie haben dann auch übertragene Bedeutungen.

24 Notieren Sie die substantivierte Grundzahl mit dem unbestimmten Artikel.
Beispiel: In Mathematik hatte er immer eine … → *eine Eins*

A ⌐ Mit einer ▪ hätte er die Prüfung nicht bestanden.
B ⌐ Mit einer ▪ hätte er die Prüfung gerade noch geschafft.

Zu 24:
Grundzahlen, die als Substantive gebraucht werden, schreibt man groß. Meist haben sie einen Artikel oder einen anderen Begleiter.
Beispiel:
*eine 4 (**V**ier) bekommen*

25 Schreiben Sie die Sätze auf und setzen Sie die Zahlenangaben in Worten in die entsprechenden Lücken.

A ⌐ Am Sportfest haben (3/4) ▪ der Schüler teilgenommen.
B ⌐ Jeder (10.) ▪ hat gesundheitliche Schäden.
C ⌐ Jeder (3.) ▪ ist in einem Verein aktiv.

Zu 25:
Bruch- und Ordnungszahlen, die als Substantive gebraucht werden, schreibt man groß, wenn sie Ziffern bezeichnen.
Beispiel:
*2/3 = zwei **D**rittel*

26 Bilden Sie aus den Silben unbestimmte Zahladjektive und substantivieren Sie diese, indem Sie einen Artikel voranstellen.
Beispiel: rig – üb → *die **Ü**brigen*

A ⌐ los – zahl
B ⌐ zeln – ein
C ⌐ ein – ver – zelt
D ⌐ reich – zahl

Zu 26:
Unbestimmte Zahladjektive, die als Substantive gebraucht werden, werden großgeschrieben.

27 Übertragen Sie die Datumsangaben in allgemeine Zeitangaben und notieren Sie diese. Ausgangspunkt der Zeitangaben ist der 10. September.
Beispiel: 08.09., 06:00 Uhr → *vorgestern **M**orgen*

A ⌐ 08.09., 12:00 Uhr
B ⌐ 09.09., 15:00 Uhr
C ⌐ 10.09., 18:00 Uhr

D ⌐ 8.9., 18:00 Uhr
E ⌐ 10.9., 24:00 Uhr
F ⌐ 10.9., 10:00 Uhr

Zu 27:
Tageszeiten nach Adverbien wie „gestern", „heute" oder „morgen" werden großgeschrieben.
Beispiel:
heute Morgen

Merkwörter:

eine Eins bekommen	der Erste	heute Abend	morgens
eine Sechs würfeln	der Dritte	morgen Mittag	am Morgen
ein Zehntel	der Letzte	gestern Morgen	nachts

Andere Wortarten können auch substantiviert werden. Sie werden dann großgeschrieben.

28 Schreiben Sie den Ausschnitt aus einem Brief ab und tragen Sie die Anrede oder das Possessivpronomen in die Lücken ein.

Sehr geehrte Damen und Herren,

vielen Dank für ▨ Schreiben vom 5. September dieses Jahres, in dem ▨ mir ▨ veränderten Geschäftsbedingungen mitteilten.
Diese Veränderungen sind für mich unattraktiv. Deshalb mache ich von dem mir von ▨ eingeräumten sofortigen Kündigungsrecht Gebrauch.
Hiermit kündige ich meine Einkaufskarte bei ▨ Unternehmen fristlos.
Ich bitte ▨, mir diese Kündigung zu bestätigen.

29 Vervollständigen Sie die Sätze. Unterscheiden Sie zwischen den Formen von „Sie", „Ihr" als höfliche Anredepronomen und den Formen von „sie", „ihr".

A ̣ Ich informiere ▨ hiermit, dass ▨ Handwerker die Leitungen falsch verlegt haben.
B ̣ Obwohl ich ▨ bereits kurz nach der Verlegung darauf angesprochen hatte, wollten ▨ ▨ Arbeit nicht korrigieren.
C ̣ Ich hatte ▨ auch gesagt, dass ich ▨ unverzüglich über ▨ Weigerung, ▨ Arbeit zu korrigieren, informieren werde.
D ̣ Dies hatte aber bei ▨ Handwerkern keinen Erfolg.
E ̣ Ich bitte ▨ deshalb jetzt, ▨ Handwerker anzuweisen, ▨ Arbeiten nachzubessern.
F ̣ Wenn dies zeitnah geschehen könnte, wäre ich ▨ sehr dankbar.

30 Notieren Sie die Sätze und setzen Sie passende Pronomen (ich, du, er, sie, es) ein.

A ̣ Man sollte nicht jedem das ▨ anbieten.
B ̣ Das ▨ bleibt im Berufsleben die Standardanrede.
C ̣ Sigmund Freud bezeichnete das Unbewusste als das ▨.
D ̣ Jedem ▨ wird Männlichkeit unterstellt, jeder ▨ Weiblichkeit.

31 Schreiben Sie die folgenden Sätze und ergänzen Sie diese durch passende substantivierte Adverbien.
Adverbien: hier, jetzt, heute, morgen, danach, vorher, später

A ̣ Das ▨ und ▨ wird von vielen als wichtig angesehen.
B ̣ Man sollte demnach im ▨ leben und nicht im ▨.
C ̣ Das ▨ liegt in der Zukunft.
D ̣ Das ▨ kann man nicht mehr beeinflussen.
E ̣ Das ▨ wird sich aber auf jeden Fall einstellen.

Zu 28 bis 29:

Die Höflichkeitsanrede „Sie" und das entsprechende Possessivpronomen „Ihr" schreibt man immer groß.
Die Anredepronomen „du" und „ihr" und die entsprechenden Possessivpronomen kann man in Briefen großschreiben.

Zu 30:

Pronomen, die als Substantive gebraucht werden, schreibt man groß.

Meist haben sie einen Artikel oder einen anderen Begleiter.

Zu 31:

Adverbien, Präpositionen, Konjunktionen und Interjektionen können auch als Substantive verwendet werden.

Die Substantivierung lässt sich an folgenden Merkmalen erkennen:
– Artikel
– vorangestelltes Adjektiv, Pronomen

Zusammengesetzte Substantivierungen werden großgeschrieben.

32 Konstruieren Sie gebräuchliche Substantivierungen aus je einem Wort aus A – D und 1 – 4. Schreiben Sie diese mit dem bestimmten Artikel auf.

A	Zähne	1	lesen
B	Hand	2	fahren
C	Zeitung	3	putzen
D	Heim	4	haben

Zu 32:

Aus zwei Wörtern zusammengesetzte Substantivierungen werden immer großgeschrieben.
Ein Bindestrich ist meist nicht üblich.
Beispiel:
das Zustandekommen

33 Setzen Sie Bindestriche zwischen die einzelnen Bestandteile der zusammengesetzten Substantivierung und schreiben Sie diese in der richtigen Schreibweise auf.

das Aufdielangebankschieben – der Hansguckindieluft –
das Ausderhautfahren – das Außersichsein – das Sowohlalsauch –
die Mundzumundbeatmung – das Aufderfaulenhautliegen –
der Prokopfverbrauch

Zu 33:

Bei zusammengesetzten Substantivierungen aus **mehr als zwei Wörtern** gilt Folgendes:
– Der Wortanfang wird großgeschrieben.
– Substantive und Verben werden großgeschrieben.
– Alle anderen Wortarten werden kleingeschrieben.
– Die einzelnen Wörter werden durch Bindestrich verbunden.
Beispiel:

sein Vor-den-anderen-Prahlen

34 Schlagen Sie im Rechtschreibwörterbuch die Schreibweise der folgenden Wörter nach und notieren Sie diese in der richtigen Schreibweise.

A	emailadresse	C	edur	E	wahlomat
B	obeine	D	euerweiterung	F	vmann

Zu 34:

Vorsicht

Diese Regeln gelten nur bedingt für Abkürzungen, zitierte Wortformen und Einzelbuchstaben.
– *die km-Zahl*
– *der pH-Wert*
– *der dass-Satz*
– *die x-Achse*

Ed|mund (m. Vorn.)
Edom (Land östl. u. südöstl. des Toten Meeres im A. T.); Edo|mi|ter; Edo|mi|te|rin
Edu|ard (m. Vorn.)
Edu|ka|ti|on, die; - ⟨lat.⟩ (*veraltet für* Erziehung)
Edukt, das; -[e]s, -e (*fachspr. für* aus Rohstoffen abgeschiedener Stoff [z. B. Öl])
E-Dur ['e:du:ɐ̯, *auch* 'e:'du:ɐ̯], das; -[s] (Tonart; *Zeichen* E);
E-Dur-Ton|lei|ter ↑K28

E-Mail-Ad|res|se ['i:me:l...]
e-mai|len, emai|len; geemailt; **E-Mail-Kon|to** ['i:me:l...]
Email|le [e'maljə, *auch* e'maj] *vgl.* Email
Email|le|far|be, Email|far|be; Email-le|ma|le|rei, Email|ma|le|rei
Email|leur [ema(l)'jøːɐ̯], der; -s, -e (Schmelzarbeiter); Email|leu|rin
email|lie|ren [ema(l)'jiː...], emai'li:...]; Email|lier|ofen
E-Mail-Post|fach ['i:me:l...];
E-Mail-Pro|gramm; E-Mail-Wurm (*EDV* Computervirus, der sich über Netzwerke selbsttätig verbreitet)

EU-Bei|tritt
Eu|bi|o|tik, die; - ⟨griech.⟩ (*Med.* Lehre von der gesunden Lebensführung)
Eu|böa (griech. Insel); eu|bö|isch
EU-Bot|schaf|ter; EU-Bot|schaf|te|rin
euch ↑K83: *in Briefen klein- od. großgeschrieben; vgl.* du

O-Bei|ne *Plur.* ↑K29
o-bei|nig, O-bei|nig
Obe|lisk, der; -en, -en ⟨griech.⟩ (vierkantiger, nach oben spitz zulaufender Pfeiler)
oben *s. Kasten*
oben|an; obenan stehen, sitzen
oben|auf; obenauf liegen; obenauf (*ugs. für* gesund, guter Laune) sein; obenauf od. obenaus schwingen (*schweiz. für* die Oberhand gewinnen, an der Spitze liegen)

---

v. M. = vorigen Monats
V-Mann ['fau...], der; -[e]s, V-Leute u. V-Männer = Vertrauensmann, Verbindungsmann
VN = Vereinte Nationen *Plur.*; UN u. UNO
v. o. = von oben
Vöck|la|bruck [f...] (oberösterr. Stadt)
Vod|cast ['vɔtkaːst], der; -s, -s ⟨engl.⟩ (Videopodcast)
Vo|gel, der; -s, Vögel

Wahl|lü|ge; Wahl|mann *Plur.* ...männer; Wahl|mo|dus; Wahl|mög|lich-keit; Wahl|mü|dig|keit; Wahl-nacht; Wahl|nie|der|la|ge
Wahl-O-Mat, der; -[en] (elektron. Programm, mit dem man seine Übereinstimmung mit polit. Parteien testen kann)
Wahl|pa|rol|le; Wahl|par|ty; Wahl|pe-ri|o|de; Wahl|pflicht

Regel 3:
Namen und Titel werden großgeschrieben.

Personennamen werden **in allen ihren Teilen** – mit Ausnahme von Präpositionen (z. B. „von"), Artikeln und Konjunktionen – großgeschrieben.

○ **1** Ordnen Sie die Silben der Namen von Persönlichkeiten. Erfinden Sie mit den gefundenen Personennamen Namensbezeichnungen und notieren Sie diese mit Artikel und einem der Wörter von 1 – 5.
Beispiel: das Albert-Schweitzer-Gymnasium

A alsteinbertein   1 Straße
B othahnto   2 Gesellschaft
C radlokonrenz   3 Stiftung
D wigdohmhed   4 Gymnasium
E bergnerheiwersen   5 Institut

Zu 1:
Zusammensetzungen mit Namen werden **großgeschrieben**.
Die einzelnen Wörter werden dann mit einem Bindestrich verbunden.

○ **2** Verbinden Sie zwei Wörter zu einem Eigennamen und schreiben Sie diesen in der richtigen Schreibweise mit einem Artikel auf.

indisch Ozean – klein Antillen – schwarz Meer – tot Meer – bayerisch Wald – libysch Wüste – blau Moschee – schief Turm – kanarisch Inseln

Zu 2:
Geografische Eigennamen und Ableitungen auf -er werden großgeschrieben.

○ **3** Formulieren Sie Ableitungen auf -isch.
Beispiel: Nudeln aus Italien → *italienische Nudeln*

A Musik aus Russland   E Gastfreundschaft in der Türkei
B Wein aus Frankreich   F Wurst aus Polen
C Pralinen aus Belgien   G Wende durch Kopernikus
D Joghurt aus Griechenland   H Theorie von Marx

Zu 3:
Vorsicht
Ableitungen auf -isch werden kleingeschrieben, wenn sie keine Eigennamen sind.

○ **4** Schreiben Sie die richtigen Kombinationen in der korrekten Schreibweise mit Artikel auf. Beachten Sie die Angaben im Wörterbuch.

Abend – Bahn – deutsch – erster – französisch – heilig – Komitee – Mai Nationen – olympisch – Revolution – vereint – Weltkrieg – zweiter

Zu 4:
Eigennamen von verschiedenen Objekten, Institutionen und historischen Ereignissen werden großgeschrieben.
Wenn Sie nicht sicher sind, ob es sich um einen Eigennamen handelt, schlagen Sie nach.

ers|te

Kleinschreibung ↑K89:
– das erste Schneeglöckchen
– der erste (1.) April
– das erste Mal; beim, zum ersten Mal
– der erste Rang
– die erste Geige spielen
– die erste heilige Kommunion
– das erste Staatsexamen
– der erste Spatenstich
– erster Klasse fahren
– Bachstraße 7, erster Stock

Großschreibung der Substantivierung ↑K80:
– der Erste, der kam
– als Erster, Erste durchs Ziel gehen
– als Erstes tun
– fürs Erste
– zum Ersten
– mein Erstes war, ein Heft zu kaufen (zuerst kaufte ich ...)
– die Ersten werden die Letzten sein

Großschreibung in Namen und bestimmten namenähnlichen Fügungen ↑K88 u. 89:
– Otto der Erste (Otto I.)
– der Erste Weltkrieg
– der Erste Geiger (Konzertmeister)
– der Erste Bürgermeister (Amtsbezeichnung)
– die Erste Staatsanwältin (Amtsbezeichnung)
– der Erste Vorsitzende (Dienstbezeichnung)
– der Erste Mai (Feiertag)
– Verdienstkreuz Erster Klasse
– die Erste Bundesliga (oberste Spielklasse)
– das Erste Deutsche Fernsehen (*für* ARD)
– die Erste *od.* erste Hilfe (bei Unglücksfällen)

Man sollte unterscheiden:
– die ersten beiden (das erste und das zweite Glied, das erste Paar einer Gruppe)
– die beiden Ersten (von zwei Gruppen das jeweils erste Glied)

Vgl. auch achte, erstbeste, erstere

Regel 4:
Satzanfänge werden großgeschrieben.

○ **1** **Trennen Sie die Hauptsätze durch einen Punkt ab und schreiben Sie den Text in der richtigen Groß- und Kleinschreibung.**

die robotisierung der gesellschaft ist in vollem gange für die privathaushalte gibt es nicht nur staubsaugroboter in der industrie arbeiten roboter schon lange in der montage in zukunft sollen drohnen die auslieferung von briefen und paketen übernehmen im dienstleistungsbereich werden humanoide roboter den menschen verdrängen durch diese entwicklung sind viele arbeitsplätze gefährdet in deutschland sollen dadurch über 18 millionen stellen von robotern eingenommen werden dies wird aber nicht von heute auf morgen geschehen

◑ **2** **Wandeln Sie die indirekte Rede in direkte Rede um. Kennzeichnen Sie sie durch Anführungszeichen.**
Beispiel:
Er sagte, dass die Robotisierung Arbeitsplätze vernichte. → *Er sagte:*
„Die Robotisierung vernichtet Arbeitsplätze."

A ⌐ Eine Studie behauptet, dass vor allem Büro- und Hilfsarbeitskräfte durch Roboter ersetzt würden.
B ⌐ Sie behauptet, dass Führungskräfte kaum ersetzt werden könnten.
C ⌐ Ferner meint sie, kreative und wissenschaftliche Berufe seien auch nicht durch Roboter ersetzbar. Besonders beträfe dies Physiker und Chemiker.
D ⌐ Die Studie kommt zu dem Schluss, dass sich der deutsche Arbeitsmarkt deutlich verändern werde.

◑ **3** **Formulieren Sie so um, dass nach dem Doppelpunkt ein vollständiger Satz entsteht.**
Beispiel:
Für die Robotisierung gilt: zunächst nur in einigen Bereichen.
→ *Auch für die Robotisierung gilt: **S**ie vollzieht sich zunächst nur in einigen Bereichen.*

A ⌐ Dies ist bereits Alltag: die Roboter gefährliche Aufgaben.
B ⌐ Dies ist die Zukunft: die Dienstleistungen vom Menschen an die Roboter.
C ⌐ Die Folgen davon: viele Arbeitsplätze in Gefahr.
D ⌐ Was man als besonders bedrohlich ansieht: die meisten Bürokräfte überflüssig.
E ⌐ Der Zeitpunkt der Änderung: in den nächsten Jahren schleichend.
F ⌐ Was man daraus für Konsequenzen ziehen sollte: wissenschaftlicher oder kreativer Beruf.

Zu 1 bis 2:
Das erste Wort eines Satzes wird immer großgeschrieben.

Zu 3:
Nach einem Doppelpunkt wird das erste Wort eines selbstständigen Satzes großgeschrieben.

Test

Entscheiden Sie, welche Wörter nach der Ziffer 1, 2, 3, 4 korrekt geschrieben sind.

1	In diesem Buch (1) Geht es um (2) messgeräte. Konkret geht (3) es um Vorschriften und (4) regeln.
2	Eine (1) wichtige (2) eigenschaft ist die (3) Genauigkeit der (4) auswertungen.
3	Die (1) wissenschaftlichen (2) Assistenten sollten nicht (3) Reaktionen (4) vorwegnehmen.
4	Man kann aber die (1) eigenen (2) erwartungen (3) deutlich (4) Aussprechen.
5	Auch sollte man (1) wissen, dass ein (2) Bisschen (3) zuverlässigkeit nicht (4) ausreicht.
6	Es sollte nicht zu (1) einer (2) Unbedeutenden (3) auflistung (4) kommen.
7	Es geht oft darum, wer (1) schuld ist oder wer (2) recht bekommt. Man sollte auch nicht schon (3) nachge-wiesenes unberechtigt (4) kritisieren.
8	Das (1) Beachten wichtiger Regeln ist (2) Notwendig. Dieses (3) besserwissen ist nicht (4) sympathisch.
9	Durch (1) intensives (2) vorbereiten kann man sich (3) vieles (4) ersparen.
10	Man sollte sich auch an die (1) gängigen Empfehlungen für die (2) Gesunde Ernährung halten. Man sollte nicht zu einem (3) unbedacht (4) konsumierenden werden.
11	Das (1) gesunde ist oft (2) einfach. Das (3) schnelle (4) essen sollte vermieden werden.
12	Im (1) allgemeinen sollte man (2) bescheiden sein. Es kann so (3) viel (4) verführerisches geben.
13	Diese (1) grundsätzlichen Regeln sind am (2) einfachsten anzuwenden. Man könnte auch (3) sagen, dass diese Regeln die (4) einfachsten sind.
14	Weil man sich (1) grün und (2) gelb ärgert, darf man nicht das (3) blaue vom Himmel (4) herunterlügen.
15	Das (1) wichtige ist das (2) einfache: Werde nicht zum (3) herrschenden oder zum (4) Beherrschten.
16	Es (1) geht nicht (2) darum, immer der (3) erste oder die (4) beste zu sein.
17	So können (1) mehr als (2) drei (3) viertel (4) aller Gespräche gut ausgehen.
18	Die (1) anderen Gespräche können von (2) heute auf (3) übermorgen (4) nachmittag vertagt werden.
19	Insgesamt sollte (1) man sich aber auf das (2) hier und (3) jetzt (4) konzentrieren können.
20	Wichtig ist das (1) offene-Fragen-(2)benennen. Ein (3) auf und (4) ab ist bei jedem Gespräch normal.
21	Ein (1) auf-(2)die-(3)lange-Bank-(4)schieben ist nicht sinnvoll.
22	Das habe (1) ich meinen Kollegen geschrieben: „Ich hoffe, (2) sie haben mich verstanden und (3) ich konnte (4) ihnen helfen."
23	Man (1) fühlt sich dann (2) manchmal, als ob man einen (3) sechser im (4) lotto hätte.
24	Ähnliches (1) vertritt auch die (2) hannes-(3) watzmann-(4) stiftung.
25	Diese ist im (1) bayerischen Wald (2) angesiedelt und sie arbeitet (3) präzise wie (4) schweizer Uhren.
26	Da (1) geht es nicht um (2) bayerische Knödel oder um (3) edle (4) mailänder Salami.
27	Eigentlich (1) setzt sie die (2) bisherige Tradition der (3) französischen (4) revolution fort.
28	(1) Das ist wie in dem Film „(2) das (3) große (4) Gemetzel".
29	(1) ich bin mir sicher: (2) ich bin jetzt klüger. (3) da frage ich mich: „(4) werde ich daraus lernen?"
30	Dies gilt für (1) jeden (2) er und für (3) jede (4) sie.

Lösungen
7c56a7

S-Schreibung

> Du hast recht. Aber in den meisten Fällen schreibt man s. Man muss also nur lernen, wann man „ss" und wann „ß" schreibt.

> Der s-Laut wird im Deutschen mit s geschrieben. Aber das stimmt doch nicht immer.

Regel 1:
Steht der s-Laut zwischen zwei Vokalen, wird er mit doppeltem s geschrieben, falls der s-Laut einem einfachen kurzen betonten Vokal folgt.

1 Erstellen Sie eine Tabelle wie diese und ordnen Sie die folgenden Wörter korrekt zu.

A	B	C	D	E
Wort entspricht der Regel.	Vokal vor dem s ist nicht betont.	Vokal vor dem s wird lang gesprochen.	s-Laut steht nach Doppelvokal (Diphthong).	s-Laut steht nicht zwischen zwei Vokalen.
fassen	besudeln	lesen	Reise	mästen

Gräser – Lösung – Verlies – Zäsur – Phrase – bisher – beweisen – beflissen – Kasten – Klasse – glasig – Wissen – Ekstase – Schneise – Vergreisung – Kies – bisweilen – Interesse

2 Schreiben Sie die Sätze mit dem richtigen s-Laut. Notieren Sie in zwei Fällen eine Ableitung oder Verlängerung, mit der Sie Ihre Schreibweise mit doppeltem s begründen.

A Es genügt nicht, sich be▉er zu ernähren.
B Man vergi▉t oft, Sport zu treiben.
C Ihre Erscheinung war von einer eleganten Blä▉e bestimmt.
D Bei Kla▉enarbeiten sind Schüler oft gestre▉t.
E Der Roman spielt an der Südkü▉te Englands.
F Seine Ander▉artigkeit störte sie.

Zu 2:
Auch wenn nach dem s-Laut ein Konsonant oder kein Buchstabe folgt, wird der s-Laut mit doppeltem s geschrieben, wenn sich das Wort verlängern oder ableiten lässt und dabei die Regel 1 zutrifft.

Beispiele:
– *er misst*
– *Messgerät* (von „messen")
– *Beschluss* (→ „Beschlüsse")

3 Notieren Sie jeweils nur den Satz, zu dem die Wörter und Ausdrücke in der rechten Spalte passen, mit der richtigen s-Schreibung.

A | 1) Er fa▉t die Hauptaussage des Gedichts zusammen.
    2) Sie hätte fa▉t die Prüfung verpa▉t.   *beinahe*

B | 1) Du ha▉t am Wochenende Dienst.
    2) Er ha▉t Dienst am Wochenende.   *stark abge-neigt sein*

C | 1) Er i▉t im Zug.
    2) Er i▉t im Zug unterwegs zu dir.   *speisen*

D | 1) Bi▉ heute hat sie noch keine Nachricht erhalten.
    2) Er bi▉ sich durch die Fachliteratur.   *nicht länger als*

Zu 3:

Achten Sie bei Unsicherheit auf die Bedeutung der Wörter.

Die Wörter „bis", „fast", „hast", „ist" sind unveränderliche Wörter bzw. Verbformen. Werden sie mit doppeltem s geschrieben, haben sie eine völlig andere Bedeutung.

Beispiel:

– *5 bis 7*
– *5 biss 7* (= unsinnige Bedeutung.)

Regel 2:
Die Vorsilbe miss-/Miss- und die Pluralform (-nisse) der Endsilbe „-nis" werden mit doppeltem s geschrieben.

4 Notieren Sie die Wörter, die mit einem doppeltem s geschrieben werden müssen.

A | Mi▉fallen
B | Mi▉erfolg
C | mi▉verständlich
D | Mie▉muschel
E | Mi▉ere
F | Mi▉bildung

G | Kenntni▉e
H | Zeugni▉
I | Versäumni▉e
J | Ereigni▉e
K | Verhältni▉e
L | Geständni▉

Merkwörter:

meistens	fast	(er) fasst	Misswirtschaft
bis	(sie) biss/bissen	wissbegierig	Missverständnis
			Hindernis/Hindernisse

Regel 3:
Von allen Konjunktionen schreibt man nur „dass" und „sodass"
mit doppeltem s.

5 a) Machen Sie die Probe, ob an den gekennzeichneten Stellen
„dieses", „jenes" oder „welches" eingesetzt werden kann.
b) Notieren Sie dann die Sätze, in denen „dass" eingesetzt werden
muss.

Zu 5:
Die Konjunktion „dass" kann nicht
durch „dieses", „jenes" oder „welches"
ersetzt werden.

A Der Autor des Textes behauptet, ▨ die Probleme hausgemacht sind/
seien.

B Wir haben die Argumente so oft abgewogen, ▨ wir uns sicher sind.

C Er erläutert das Thema, ▨ uns alle angeht.

D Für die Schülerin war die gute Note so motivierend, ▨ sie sich von da
an mehr anstrengte.

E Er hat das Problem erkannt, ▨ ihn schlaflos machte.

F Er sprach so laut in sein Smartphone, ▨ alle sein Gespräch mithören
konnten.

G Ausschlaggebend war, ▨ er zugab, ▨ er Hilfe brauchte.

H Zum ersten Mal machte er ein Zugeständnis, auf ▨ wir schon lange
gewartet haben.

6 Verknüpfen Sie jeweils den Satz in der linken Spalte mit dem in der
rechten durch die Konjunktion „dass".
Trennen Sie den dass-Satz durch Komma ab. Achten Sie auf den Satzbau des Nebensatzes und die Rechtschreibung.
Beispiel A: *Es fällt auf, **dass** uns der Autor hier im Unklaren **lässt**.*

Zu 6:
Nach Verben des Fühlens, Meinens,
Wissens, Wünschens und Wollens
steht häufig ein „dass"-Satz.
Beispiel:
*Er **behauptet, dass** ein Umdenken
längst stattgefunden habe.*

A Es fällt auf ▨	Der Autor lässt uns hier im Unklaren.
B Alle meinen ▨	Die Aufgabe ist nicht in der vorgege-benen Zeit zu schaffen.
C Er freut sich ▨	Er hat ein gutes Referat gehalten.
D Ich weiß ▨	Meine Ausführungen werden bei man-chen auch auf Ablehnung stoßen.
E Ich hoffe ▨	Das ist ein akzeptabler Vorschlag.
F Sie beklagt sich immer ▨	Sie findet keinen Zugang zu Kafka.
G Der Journalist erkannte ▨	Er hatte nicht sorgfältig recherchiert.
H Der Verfasser bezweifelt ▨	Die Regierung wird ihr Handeln ändern.
I Ich habe nicht bedacht ▨	Es handelt sich um einen Ich-Erzähler.
J Er glaubt nicht ▨	Alle in der Klasse sind von seiner Idee überzeugt.
K Nach der Präsentation wusste ich ▨	Bei diesem Thema ist noch vieles zu klären.

○ 7 **Verknüpfen Sie jeweils die beiden Sätze wie im folgenden Beispiel. Trennen Sie den dass-Satz durch Kommas ab. Achten Sie auf die Rechtschreibung.**

Beispiel:

Den Vorschlag finde ich gut. Wir sollten offensiver werben.

→ *Den **Vorschlag, dass** wir offensiver werben sollten, finde ich gut.*

A⌐ Die Behauptung ist richtig. Wir haben ein gutes Klima in unserer Abteilung.

B⌐ Seine Voraussage hat sich bewahrheitet. Unser Theaterbesuch wird sich lohnen.

C⌐ Das Gefühl hat sich nun eindrucksvoll bestätigt. Der Versuch kann so nicht funktionieren.

D⌐ Die Idee war sehr gut. Die Verkaufsabteilung organisiert einen Tag der offenen Tür.

E⌐ Meine Meinung teilen viele. Wir sollten einen Betriebsausflug machen.

F⌐ Der Eindruck stimmt nicht. Ingenieure hätten heutzutage zu wenig kreative Ideen.

○ 8 **Formulieren Sie aus den beiden Sätzen einen Haupt- und einen Nebensatz mit „dass".**
Beginnen Sie mit dem Konjunktionalsatz. Trennen Sie ihn durch Komma ab. Achten Sie auf die Rechtschreibung und den Satzbau.

Beispiel:

Das ist ein Problem. Ich glaube es nicht.

→ ***Dass d**as ein Problem **ist, glaube ich** nicht.*

A⌐ Die Schüler heutzutage spielen nur noch mit ihren Smartphones und kümmern sich nicht um andere. Es stimmt nicht.

B⌐ Eine gute Schulbildung ist der Schlüssel zu beruflichem Aufstieg. Das wissen wir schon aus Erfahrung.

C⌐ Sogenannte Softskills sind im Beruf sehr bedeutsam. Das haben viele Menschen noch nicht verstanden.

D⌐ Die Zusammenarbeit in einem Team ist für den Erfolg der Gruppe ausschlaggebend. Es ist nicht nur meine Meinung.

E⌐ Lebenslanges Lernen ist wichtig. Es ist heute ein Allgemeinplatz.

○ 9 **Notieren Sie die Sätze, in denen es notwendig ist, einen Artikel einzusetzen.**

A⌐ ▨ Verhalten kann einer Besprechung oft eine Wende geben.

B⌐ Als ▨ Verhalten, das sich geziemt, kann man das nicht mehr bezeichnen.

C⌐ ▨ Telefonieren in der Pause wird nicht in jeder Schule geduldet.

D⌐ Es gehört sich, ▨ Telefonieren während des Unterrichts zu unterlassen.

E⌐ Auch für ▨ Präsentieren gibt es bei uns feste Regeln.

F⌐ ▨ Präsentieren hilft einem, das Thema besser zu verstehen.

G⌐ ▨ Zuhören ist wichtig in einem Gespräch.

H⌐ Auch ▨ Zuhören muss man lernen.

Zu 9 bis 12:

Wenn Sie nicht sicher sind, ob Sie „das" oder „dass" schreiben müssen, prüfen Sie, ob es sich bei dem Wort um

– einen sächlichen Artikel,
– ein Demonstrativpronomen (hinweisendes Fürwort),
  – ein Relativpronomen (bezügliches Fürwort) handelt.

Diese Wortarten schreibt man mit einfachem s.

Zu 9:

Der **Artikel** begleitet ein Substantiv.

Beispiel:

das *Fahrzeug*

10 Formulieren Sie auf der Grundlage der angegebenen Wörter vollständige Sätze und ergänzen Sie dabei das Demonstrativpronomen „das". Kontrollieren Sie für sich, ob Sie „das" durch „dieses" oder „jenes" ersetzen können.

Beispiel A: *Das gefällt mir.* (Kontrolle: Dieses/Jenes gefällt mir.)

A mir – gefällt

B vergessen – man – nicht – darf

C Risiko – ein – ist

D schon – er – zweimal – hat – gesagt

E ihn – sehr – wundert

F ganz – einfach – ist – doch

Zu 10:

Das **Demonstrativpronomen** „das" kann durch „dieses" oder „jenes" ersetzt werden. Es steht häufig am Anfang des Satzes.

Beispiel:

Das (= dieses/jenes) ist doch das Problem.

11 Notieren Sie das jeweilige Wort, auf das sich das Relativpronomen „das" bezieht.

A Das Argument, das der Autor hier anbringt, ist ein klassisches Autoritätsargument.

B Es handelt sich hierbei um ein Argument, das viele Leser überzeugen wird.

C Es ist aber nicht das Wichtigste, auf das es hier ankommt.

D Das Gefühl, das Nathanael überkommt, verdeutlicht seinen nahenden Wahnsinn.

E Das Angebot, das Faust annimmt, ist Dreh- und Angelpunkt des Dramas.

F Grenouille kredenzt ein Parfum, das eine Massenorgie auslöst.

Zu 11:

Das **Relativpronomen** bezieht sich auf ein davorstehendes Substantiv oder Pronomen. Das Relativpronomen „das" kann durch „welches" ersetzt werden.

Beispiel:

„Das leise Klingeln, das (= welches) ich hörte, kam von der Schulklingel."

12 Entscheiden Sie, ob „das" oder die Konjunktion „dass" eingesetzt werden muss, und schreiben Sie die Sätze neu.

A Er erklärte den Sachverhalt so, das/dass ihn alle verstanden haben.

B Ich denke, das/dass korrekte Formulieren einer Betreffzeile kann das A und O einer geschäftlichen Mail sein.

C Er befürchtet, das/dass er mit einem schlechten Zeugnis so schnell keine Stelle finden wird.

D Ich weiß, das/dass Anliegen ist dringend.

E Das/Dass ist eine Methode, einen Text zu bearbeiten.

F Das/Dass seine Ideen nicht geeignet sind, alle Probleme der Welt zu lösen, das/dass weiß er auch selbst.

G Das Gedicht, das/dass wir analysieren müssen, stammt aus der Romantik.

H Meist ist das/dass das/dass Schwierigste: Man kann das/dass Unwichtige nicht vom Wichtigen trennen.

I Auf das/dass wir beim nächsten Mal das/dass Richtige tun und alles so lange üben, bis das/dass alles reibungslos läuft.

Regel 4:
Der stimmlose s-Laut nach langem Vokal oder Diphthong
(Doppellaut, z. B. ei, eu) wird ß geschrieben.

13 Erstellen Sie eine Tabelle wie diese und notieren Sie die angegebenen Wörter in der korrekten Spalte.

heiser – Blase – Maß – Fuß – Phase – Stoß – Häuser – Gleise – Gruß –
reißen – reisen – außer – fleißig – riesig – Verschleiß – heißen

s-Laut stimmhaft gesprochen	s-Laut stimmlos gesprochen
leise	draußen

14 Erstellen Sie eine Tabelle wie diese. Verlängern Sie die Wörter und
entscheiden Sie, ob der s-Laut stimmhaft oder stimmlos gesprochen
wird.

Maus – Hinweis – Beweis – bloß – Kreis – Spaß – Gefäß – groß –
Verstoß – Gruß

s-Laut im verlängerten Wort stimmhaft gesprochen	s-Laut im verlängerten Wort stimmlos gesprochen
Beweise	große

Zu 14:

Oft kann man durch die Bildung der
Mehrzahl oder von erweiterten Formen
hören, ob s oder ß geschrieben werden
muss.

Beispiel:

Das Haus ist *weiß*. (stimmlos)
Das *weiße* Haus. (weiterhin stimmlos)

15 Erstellen Sie eine Tabelle wie diese. Ordnen Sie die fett gedruckten
Wörter zu und fügen Sie den korrekten s-Laut ein.

lang gesprochener Vokal vor stimmlosem s-Laut	kurzer Vokal vor s-Laut
Soße	flossen

A | Zu schnelles Fahren ist ein **Versto▮** gegen die **Stra▮enverkehrsord-
nung**.
B | Man sollte seine Geschwindigkeit dem **Verkehrsflu▮** anpassen.
C | Allerdings sollte man sich nicht darauf **verla▮en**, **da▮** die anderen
Verkehrsteilnehmer dies ebenso sehen.
D | Doch **grö▮tenteils** halten sich die Autofahrer an bestehende Regeln.
E | Letztens **stie▮en** allerdings wieder zwei Autos zusammen.
F | Die Vorbeifahrenden **unterlie▮en** es, den Verletzten zu helfen.
G | Da hört der **Spa▮** allerdings auf.

16 Notieren Sie das entsprechende Verb, z. B. zu A: *reißen*.

A | Riss   C | Fluss   E | Genuss   G | Entschluss
B | Biss   D | Guss   F | Beschluss   H | Schloss

17 Lösen Sie diese Rätselaufgaben, indem Sie die Antworten in den angegebenen Wörtern suchen und notieren.

Zu 17:

Es gibt wenige häufig vorkommende Wörter mit ß, daher ist es sinnvoll, sich diese einzuprägen.

Maß – Soße – Spaß – Gefäß – bloß – groß – Fuß – aß – Gruß – süß – Strauß – fließen – schließen – gießen – heiß – saß – weiß – beißen – heißen

A ⌐ Wort, das im Französischen „sauce" geschrieben wird → ▨

B ⌐ Oberbegriff für „Vase", Becher, Tasse → ▨

C ⌐ Körperteil → ▨

D ⌐ Gegenteil von schwarz → ▨

E ⌐ Man schreibt ihn am Ende eines Briefes. → ▨

F ⌐ Gegenteil von Ernst → ▨

G ⌐ Kommt in der Wendung „Das … aller Dinge" vor. → ▨

H ⌐ Man bindet Blumen zu einem solchen. → ▨

I ⌐ Anderes Wort für „nur" → ▨

J ⌐ Hunde, die bellen, tun dies angeblich nicht. → ▨

K ⌐ Geschmack von Zucker → ▨

L ⌐ Ständig in Bewegung sein → ▨

M ⌐ Das Gegenteil von klein → ▨

N ⌐ Zumachen → ▨

O ⌐ Den Namen haben → ▨

P ⌐ Mehr als warm → ▨

Q ⌐ Pflanzen mit Wasser versorgen → ▨

R ⌐ Vergangenheitsform von: (er) sitzt → ▨

S ⌐ Vergangenheitsform von: (sie) isst → ▨

18 Entscheiden Sie, welche Wörter A–Q an der nummerierten Stelle im Text eingefügt werden müssen. Notieren Sie die Wörter mit dem korrekten s-Laut.

A ⌐ mei▨ten
B ⌐ wü▨ten
C ⌐ Wei▨e
D ⌐ da▨
E ⌐ be▨eres Wi▨en

F ⌐ da▨
G ⌐ äu▨er▨t
H ⌐ Da▨
I ⌐ i▨t
J ⌐ gewi▨e

K ⌐ Au▨druckswei▨e
L ⌐ kra▨
M ⌐ Sprachwi▨enschaftlern
N ⌐ Gedächtni▨

Wenn es um das Thema „Kanaksprak" geht, dann meinen die (1) Menschen, (2) sie Bescheid (3). Das Urteil wird wider (4) gefällt und diese Art und (5) zu reden, wird als Bedrohung für die deutsche Sprache verstanden.
Es handelt sich (6) zufolge jedoch um ein (7) produktives sprachliches Phänomen. Wenn man Kanaksprak als sogenannten Soziolekt betrachtet, dann fällt auf, (8) er überwiegend von jugendlichen Sprechern gesprochen wird. Dabei (9) es unerheblich, ob diese Variante von deutschen oder ausländischen Muttersprachlern gesprochen wird. Die (10) wird gelegentlich als sehr (11) empfunden, aber Jugendliche grenzen sich sprachlich seit jeher von der Erwachsenenwelt ab. (12) Kanaksprak also eine (13) Bereicherung für unsere Sprache darstellt, sollten wir alle im (14) behalten.

Merkwörter:

Ausweis	meist	beißen	reißen	außen	Gruß	(er/sie/es) saß
bis	Reise	fließen	schließen	Fuß	heiß	Spieß
ein bisschen	riesig	genießen	schmeißen	Gefäß	Maß	Strauß
Fliese	(er/sie/es) weist	gießen	schweißen	gemäß	Ruß	Verschleiß
Kreis		heißen	stoßen	Grieß	süß	weiß

Test

Entscheiden Sie, welche Schreibweise nach der Ziffer (1, 2, 3, 4) korrekt ist.

1	(1) Das (2) dass Team seine (3) Interesen durchsetzt, war beim (4) bessten Willen nicht zu erwarten.
2	Sie wollten sich beraten (1) lasen und sich erst später (2) intenssiv mit (3) diessem Problem (4) befassen.
3	Sie (1) hast (2) das Warten, (3) biss endlich auch der Letzte anwesend (4) isst.
4	(1) Das Betreten des Serverraums erfordert besondere (2) Befugnisse, (3) dass sollte man (4) wissen.
5	Er (1) misachtete sämtliche Regeln bei (2) nassem Wetter, (3) sodas sich der Unfall erklären (4) lässt.
6	Sie bemerkten, (1) das ihr Programm nicht korrekt arbeitete, aber (2) dass (3) ließen sie (4) auser Acht.
7	Er hofft, (1) das er noch rechtzeitig (2) bessere (3) Ergebnise liefern kann.
8	Gerne nehmen wir (1) das (2) interessante Angebot, (3) dass Sie uns zugeschickt haben, im Herbst an.
9	Du (1) hast, wenn (2) ess sein (3) muss, auch noch eine Woche länger Zeit.
10	Er sagte den Besuchern vorab, (1) dass (2) das Rauchen auf dem Werksgelände nicht erlaubt (3) ist.
11	Sie (1) wussten (2) dass alles schon lange und konnten (3) desshalb mit (4) Gelassenheit reagieren.
12	Bitte haben Sie (1) Verständniss, (2) dass die (3) Gefäße nun ein (4) bischen verspätet ankommen werden.
13	Ich glaube, (1) das (2) das Verlagshaus, (3) das den Bestsellerautor entdeckt hat, stolz sein kann.
14	Damit ist der (1) Beweiß erbracht, (2) das (3) bewußt ein falscher (4) Hinweiß gegeben wurde.
15	Auf diese (1) Weiße hat man auch noch (3) verhältnismäsig viel (3) Spass bei der Arbeit.
16	Mit einer geänderten Organisation (1) liesen sich (2) Engpäße (3) grösstenteils vermeiden.
17	(1) Meißtens wird man sich in einem so (2) heisen Land um einen solchen Auftrag (3) reißen.
18	(1) Dass ihn die Kollegen immer unterstützten, (2) das (3) vergas er nie.
19	Sie können sich darauf (1) verlassen, (2) das (3) Verschleißteile (4) regelmäßig ausgetauscht werden.
20	(1) Das (2) Gießen der Metallteile ist ein Vorgehen, (3) das eine hohe (4) Zuverlässigkeit erfordert.
21	Es kann ein (1) rießiger Vorteil sein, wenn man in dieser (2) Phase etwas (3) Wissbegierde zeigt.
22	Wenn Sie sich auf diesen (1) Kompromiß (2) einlassen, werden wir einen (3) grossen Schritt vorankommen.
23	Wir sollten heute (1) bloß nicht etwas (2) beschliesen, was wir morgen über Bord (3) schmeisen.
24	(1) Auserdem soll diese Forderung nun nicht in Stein (2) gemeißelt sein, wir können darüber (3) disskutieren.
25	Es wäre eine (1) weiße (2) Lößung des Problems, (3) ließen wir uns auf den Vorschlag des Vorredners ein.
26	Mit der (1) süßsauren (2) Sose ist dieses Gericht (3) heiß begehrt.
27	Als (1) anstößig (2) muss die Formulierung bezeichnet werden, die (3) Anlaß zu Mehrdeutigkeit gibt.
28	(1) Bis (2) dass geklärt ist, (3) fließt noch viel (4) Wasser den Rhein hinunter.
29	Sie (1) ließen sich die (2) Fließen frei (3) Hauß liefern.
30	(1) Das (2) Weis wirkt nüchtern und (3) blaß und sollte (4) deßhalb durch kräftige Farben ersetzt werden.

🌐 **Lösungen**
5uf5tp

Getrennt- und Zusammenschreibung

Man muss nur 4 Regeln lernen, um zu wissen, was zusammen-geschrieben wird.

Im Deutschen werden Wörter voneinander getrennt geschrieben.

Regel 1:
Ein Wort wird mit einem oder mehreren anderen Wörtern zusammengeschrieben, wenn es zwischen den Wörtern eine Beziehung gibt.

○ **1** **Bilden Sie aus den Substantiven durch sinnvolle Kombinationen sechs neue Wörter und unterstreichen Sie jeweils das Grundwort.**
Beispiel: *Brot + Messer = Brotmesser*

Fenster – Dach – Haus – Garten – Bank

○ **2** **Bilden Sie drei mehrteilige Wörter mit den genannten Abkürzungen.**

IHK – LAN – WM – Abschluss – Party

○ **3** **Notieren Sie die Sätze A–E. Füllen Sie dabei zusammengesetzte Substantive in die Lücken ein und schreiben Sie diese groß. Bilden Sie die Substantive aus den angegebenen Wörtern.**
Beispiel: Das 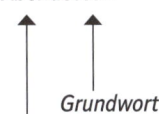 gilt als sanfter Tourismus, der die Umwelt schont. →
Das *Radwandern* gilt als sanfter Tourismus, der die Umwelt schont.

ab – Haus – kühl – Lieferung – neu – roh – Schluss – stellen – Stoff – ~~wandern~~ – Wert– ~~Rad~~

A⌐ Der ▓ der Vertragsverhandlungen ist für die Mitarbeiter wichtig.
B⌐ Bei mangelhafter Ware wird eine ▓ garantiert.
C⌐ Jede Kantine benötigt ein ▓ für leicht verderbliche Lebensmittel.
D⌐ Ein gutes Betriebsklima sollte einen hohen ▓ haben.
E⌐ Coltan ist ein wichtiger ▓ für die Handy-Produktion.

Zu 1:
Bei mehrteiligen Wörtern ist der letzte Bestandteil das **Grundwort**. Es zeigt auf, um welche Wortart es sich handelt (Substantiv, Adjektiv, Verb und Adverb).

Der erste Teil bestimmt in der Regel den zweiten und heißt **Bestimmungswort**.
Beispiel:

Abendessen

↑   ↑

Grundwort
Bestimmungswort (= bestimmt, um welches Essen es sich handelt)

Zu 2:
Enthält ein mehrteiliges Wort eine Abkürzung, wird es mit einem **Bindestrich** geschrieben.
Beispiel:
die EU-Richtlinien

4 Schreiben Sie die Sätze B–F neu und ergänzen Sie die Lücken, indem Sie die Wörter (1–5) mit „irgend-" oder „zu-" verbinden und sinnvoll einsetzen.

1 ein   2 jemand   3 letzt   4 nächst   5 wann   6 ~~welche~~

A Gab es *irgendwelche* Probleme bei der Auslieferung der Waren?

B Man kann alles verzögern, aber ▨ muss die Rechnung bezahlt werden.

C Hat ▨ den Abteilungsleiter gesehen?

D ▨ sollte die Marketingabteilung eine Anzeige schalten.

E Die Container sind ▨ in Hamburg kontrolliert worden.

F ▨ Mitarbeiter sollte zur Messe fahren.

Zu 4:

Zusammengesetzte Wörter mit folgenden **ersten Bestandteilen** schreibt man zusammen: bei-, der-, irgend-, nichts-, zu-, so-

5 Schreiben Sie die Sätze B–H neu und ergänzen Sie die Lücken, indem Sie die Wörter (1–8) mit „-mal", „-so" oder „-wo" verbinden und sinnvoll einsetzen.

1 anders   2 dies   3 ~~eben~~   4 genau   5 manch

6 nirgend   7 um   8 zwei

A Die Werbung ist *ebenso* wichtig wie die Produktentwicklung.

B Nicht immer, aber ▨ muss man Ungewöhnliches tun.

C Die Nachlieferung wurde schon ▨ verschoben.

D ▨ gibt es eine so große Produktpalette.

E Schön, wenn der Grossist heute noch liefert, ist es ▨ besser.

F Dieser Gesichtspunkt ist ▨ wichtig wie der andere.

G Hier verdient man auch nicht mehr als ▨.

H Beachten Sie: Die Preislisten liegen ▨ bei.

Zu 5:

Zusammengesetzte Wörter mit folgenden **zweiten Bestandteilen** schreibt man zusammen: -dessen, -dings, -falls, -halber, -mal, -mals, -seits, -so, -wegs, -weise, -wo, -zeit, -zeiten, -zu

6 Schreiben Sie die Sätze B–F ab. Ergänzen Sie die Lücken passend, indem Sie ein Wort aus 1 mit einem der spiegelverkehrt geschriebenen Wörter aus 2 verbinden. Schreiben Sie die Wörter klein.

1 dunkel – jeder – rutsch – stunden – ~~blau~~ – gleich

2 zeitig – rot – lang – äugig – fest

A Als ich diesen Vertag unterschrieb, war ich sehr *blauäugig*.

B Der neue Preis ist ▨ markiert.

C Die Vertragsverhandlungen haben gestern ▨ gedauert.

D Im Eingangsbereich ist der Fußboden in der Regel ▨.

E Die Aufträge müssen ▨ bearbeitet werden.

F Wir können die Waren ▨ auch nach Hause liefern.

Zu 6 und 7:

Ein **Adjektiv** schreibt man mit einem anderen Wort zusammen, wenn

– der erste Bestandteil den zweiten verstärkt,

Beispiel:

*stunden*lang

– die beiden Teile gleichwertig sind,

Beispiel:

*rutsch*fest

– der erste Teil die Bedeutung des zweiten näher beschreibt oder bestimmt.

Beispiele:

*dunkel*rot, *säure*fest

7 Notieren Sie das passende Adjektiv, indem Sie Substantiv mit Verb oder Adjektiv verbinden. In zwei Fällen müssen Sie nach dem Substantiv ein Fugen-s einsetzen.

Beispiel A: kreisförmig

A ▨ geformt wie ein Kreis

B ▨ standhalten bei großer Hitze

C ▨ fertig für den Gebrauch

D ▨ gefährlich für das Leben

E ▨ bereit für den Einsatz

F ▨ empfindlich gegen Licht

Merkwörter zu 4 und 5:

bedauerlicherweise	jederzeit
beiseite	keinesfalls
beizeiten	nichtsdestotrotz
einfachheitshalber	unterwegs
genauso	zuletzt
hierzu	zurzeit
irgendjemand	

Merkwörter zu 6 und 7:

angsterfüllt	fingerbreit	lichtempfindlich	stundenlang
bitterböse	gleichzeitig	maßgeblich	superschnell
blauäugig	hellblond	meterhoch	todsicher
butterweich	hitzebeständig	minderjährig	volljährig
dunkelrot	jahrelang	minderwertig	werbewirksam
einsatzbereit	kreisförmig	nasskalt	
eiskalt	lauwarm	schneebedeckt	

---

8 Schreiben Sie die Sätze B–F ab. Ergänzen Sie die Lücken, indem Sie die passenden Präpositionen (auf, ~~aus~~, durch, hinter, neben, an) mit „einander" und einem Verb (binden, ~~brechen~~, stapeln, bringen, fahren, legen) verbinden. Schreiben Sie klein und zusammen.

A⌐ Eine Holzkiste kann unter schwerer Belastung *auseinanderbrechen*.
B⌐ Aus Platzgründen sollte man die Kisten im Lager ▪.
C⌐ Die Zusammenarbeit im Projekt wird die Kollegen enger ▪.
D⌐ Wichtige Akten sollte man nicht ▪.
E⌐ Zum Vergleich können wir die beiden Produkte ▪.
F⌐ Auf einem schmalen Radweg sollte man ▪.

Zu 8:

Zusammengesetzte Adverbien wie z.B.

aneinander, aufeinander, auseinander, durcheinander, hintereinander, nebeneinander

können mit einem **Verb** zusammengeschrieben werden.

Beispiel:

*Wir werden die Packungen nach Größe sortiert **aneinanderreihen**.*

---

9 Erstellen Sie eine Tabelle wie diese und notieren Sie die Verben B–E in der korrekten Form in den entsprechenden Spalten.

A⌐ rechtfertigen   B⌐ verkaufen   C⌐ vollenden
D⌐ widersprechen   E⌐ befürworten

Infinitiv (Grundform)	**Präsens** (Gegenwart)	**Präteritum** (Vergangenheit)
rechtfertigen	ich rechtfertige	ich rechtfertigte
Perfekt (vollendete Gegenwart)	**Plusquamperfekt** (Vorvergangenheit)	**Futur I** (Zukunft)
ich habe gerechtfertigt	ich hatte gerechtfertigt	ich werde rechtfertigen

Zu 9:

Verben können mit Substantiven, Adjektiven und Partikeln (z. B. Präpositionen und Adverbien) verbunden werden.

Beispiele:

– *rechtfertigen* (Substantiv + Verb)
– *widersprechen* (Präposition + Verb)
– *vollenden* (Adjektiv + Verb)

Es wird immer zusammengeschrieben, wenn die Teile des Verbs beim Konjugieren (Beugen) ihre Reihenfolge nicht verändern.

---

10 Formulieren Sie die Sätze (A–E) um, indem Sie das Perfekt benutzen. Schreiben Sie klein und zusammen.
Beispiel: Die Bank ging bankrott. → *Die Bank ist bankrottgegangen.*

A⌐ Viele Kunden nahmen an der Werbeveranstaltung teil.
B⌐ Die Hauptversammlung der Aktiengesellschaft fand in Berlin statt.
C⌐ Sämtliche Unternehmen hielten dem Konkurrenzdruck stand.
D⌐ Die meisten Kunden fuhren nach der Präsentation gleich wieder heim.
E⌐ Die Mitarbeiter der insolventen Firma taten mir leid.

Zu 10:

Wenn der erste Bestandteil eines zusammengesetzten Verbs ein verblasstes Substantiv oder eine verkürzte Wortgruppe ist, schreibt man zusammen.

Beispiele:

– *leidtun* (= das Leid + tun)
– *bankrottgehen* (= in den Bankrott gehen)

Merkwörter zu 9 und 10:

bankrottgehen	bloßstellen	gewährleisten	(sich)	leidtun	stattfinden
bereithalten	fehlschlagen	heimzahlen	krankmelden	standhalten	teilnehmen

11 **Schreiben Sie die Sätze A–G ab. Vervollständigen Sie die Sätze, indem Sie die Verben und Partikel zusammenschreiben und in der korrekten Verbform (Infinitiv oder Partizip) sinnvoll einsetzen.**

Beispiel: *Wegen der schwachen Nachfrage muss der Betrieb Kurzarbeit anmelden.*

Partikel: ~~an~~ – aus – ein – mit – über – vor – weiter – zurück

Verben: arbeiten – entwickeln – halten – legen – ~~melden~~ – nehmen – sprechen – zeugen

A Die Geschäftsleitung hat dem Betriebsrat ein neues Konzept ▨.

B Ich werde ab morgen an einem wichtigen Projekt ▨.

C Der Grossist hat die Restposten ▨.

D Bei einem Geschäftsbrief muss eine bestimmte Form ▨ werden.

E Diese Produkte sollten kontinuierlich ▨ werden.

F Gute Verkaufsargumente haben den Kunden ▨.

G Der Chef hat den Mitarbeitern seine Anerkennung ▨.

Zu 11:

Verben können mit Partikeln
(z. B. Präpositionen und Adverbien)
verbunden werden.
Diese Verbindungen werden

a) als **Infinitive**

b) als **Partizipien** und

c) am **Ende eines Nebensatzes** immer zusammengeschrieben.

Beispiele:

– *fortlaufen/fortzulaufen* (Infinitive)

– *Die fortlaufende Entwicklung* (Partizip I)

– *Er ist fortgelaufen.* (Partizip II)

– *Es stimmt, dass die Arbeit nicht wegläuft./Es hat keinen Sinn, vor der Arbeit wegzulaufen.* (Verb am Ende des Nebensatzes bzw. der Infinitivgruppe)

12 a) **Lesen Sie diesen Ausschnitt aus dem Wörterbuch.**

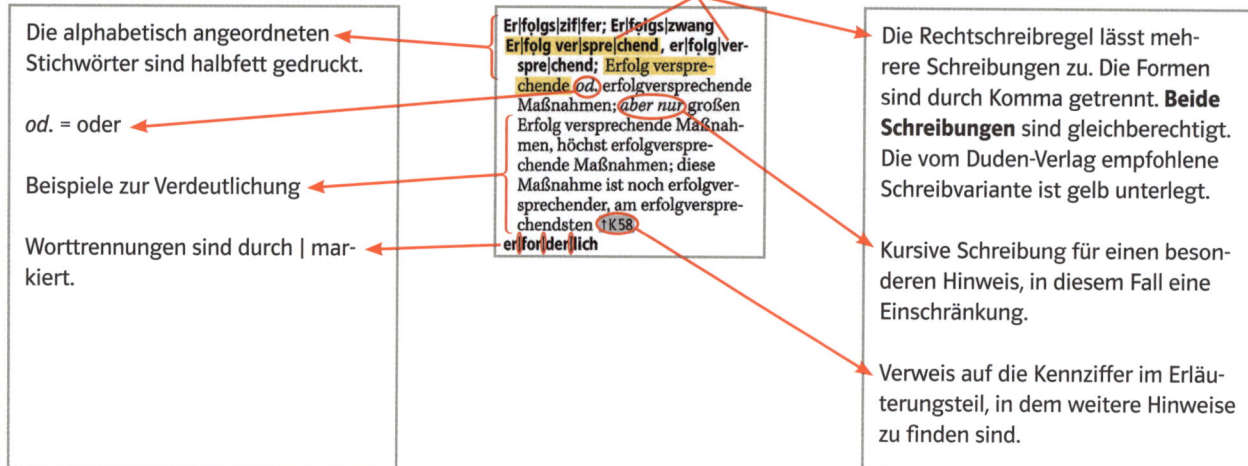

Die alphabetisch angeordneten Stichwörter sind halbfett gedruckt.

od. = oder

Beispiele zur Verdeutlichung

Worttrennungen sind durch | markiert.

Die Rechtschreibregel lässt mehrere Schreibungen zu. Die Formen sind durch Komma getrennt. **Beide Schreibungen** sind gleichberechtigt. Die vom Duden-Verlag empfohlene Schreibvariante ist gelb unterlegt.

Kursive Schreibung für einen besonderen Hinweis, in diesem Fall eine Einschränkung.

Verweis auf die Kennziffer im Erläuterungsteil, in dem weitere Hinweise zu finden sind.

b) **Bilden Sie aus den Begriffen in der rechten Spalte ein Partizip und entscheiden Sie anhand der Wörterbuchangaben (Ausschnitt 1–5), wie der fehlende Begriff im jeweiligen Satz zu schreiben ist.**

A Der Bauwirtschaft fehlen für das nächste Quartal ▨ Aufträge. Dieses Grundstück ist eine äußerst ▨ Geldanlage. — (den) Gewinn bringen

B ▨ Kunden können sich an den Fachverkäufer wenden. — (nach) Hilfe suchen

C Bei der Betriebsversammlung sah man viele ▨ Kollegen. — (den) Kopf schütteln

D LKWs fahren bei jedem Wetter, auch auf ▮ Straßen.　　(mit) Schnee bedecken

E Nach dem Unfall wurden alle ▮ Maßnahmen durchgeführt.　　(das) Leben retten

---

Ausschnitt 1

Ge|winn|an|teil; Ge|winn|aus|schüt-
tung; Ge|winn|be|tei|li|gung
ge|winn|brin|gend, Ge|winn brin-
gend ↑K58: eine gewinnbrin-
gende od. Gewinn bringende
Investition; aber nur eine großen Gewinn bringende Investition; eine äußerst gewinnbrin-
gende, noch gewinnbringendere
Investition

Ausschnitt 2

Hil|fe|schrei; Hil|fe|stel|lung
Hil|fe su|chend, hil|fe|su|chend
↑K58: aber nur rasche Hilfe
suchend; den Hilfesuchenden
od. Hilfe Suchenden beistehen
hilf|los; Hilf|lo|sig|keit, die; -

Ausschnitt 3

Kopf|schmuck; Kopf|schup|pe meist
Plur.; Kopf|schuss
Kopf|schüt|teln, das; -s; kopf|schüt-
telnd
Kopf|schutz; Kopf|schüt|zer

Ausschnitt 4

Schnee|ball|sys|tem (bestimmte, in
Deutschland verbotene Form
des Warenabsatzes; Schneeball-
prinzip)
schnee|be|deckt ↑K59
Schnee|bee|re (ein Strauch)

Ausschnitt 5

Le|bens|qua|li|tät; Le|bens|raum
le|bens|ret|tend; Le|bens|ret|ter;
Le|bens|ret|te|rin; Le|bens|ret-
tungs|me|dail|le
Le|bens|schick|sal; Le|bens-
span|ne
Le|bens|spur meist Plur.; Le|bens-
stan|dard; Le|bens|stel|lung;
Le|bens|stil; Le|bens|traum

Merkwörter zu 11:						Merkwörter zu 12:
ab	d(a)rauf	fort	hin	nieder	vornüber	atemberaubend
abwärts	darum	gegen	hinauf	über	vorüber	freudestrahlend
an	darunter	gegenüber	hinaus	überein	weg	kopfschüttelnd
auf	davon	her	hindurch	überhand	weiter	lebensrettend
aus	davor	herab	hinein	um	wieder	maßgebend
bei	dazwischen	heran	hinterher	umher	wider	schneebedeckt
da	durch	herauf	hinunter	umhin	zu	
dafür	ein	heraus	hinzu	unter	zurück	
dagegen	einher	herein	instand	vor	zusammen	
daher	empor	herüber	los	voran	zuvor	
dahin	entgegen	herum	mit	voraus	zuwider	
daneben	entlang	herunter	nach	vorbei	zwischen	
dar	entzwei	hervor	nebenher	vorher		

---

13 a) **Lesen Sie die beiden Artikel aus dem Wörterbuch.**

fal|len

– du fällst; er fällt
– du fielst; du fielest
– gefallen (vgl. d.)
– fall[e]!
Getrennt- und Zusammenschrei-
bung ↑K55:
– ich habe den Teller fallen lassen
　(= losgelassen)
– die Maske fallen lassen (übertr.
　sein wahres Gesicht zeigen)
– er hat eine Bemerkung fallen
　lassen od. fallenlassen (seltener
　fallen gelassen od. fallengelas-
　sen)
Vgl. auch anheimfallen, leichtfal-
len, schwerfallen

schief

– sie macht ein schiefes (missvergnügtes) Gesicht;
　ein schiefer (scheeler) Blick
– schiefe (nicht zutreffende) Vergleiche
– in ein schiefes Licht geraten (falsch beurteilt wer-
　den)
– ↑K89: die schiefe Ebene; ein schiefer Winkel
– aber ↑K88: der Schiefe Turm von Pisa
Schreibung in Verbindung mit Verben ↑K56:
– schief sein; schief werden; schief sitzen, liegen, ste-
　hen, gehen, laufen; schief halten; jmdn. schief an-
　sehen; schief urteilen; schief denken
– die Decke hat schief gelegen
– den Mund schief ziehen od. schiefziehen
– sie hat die Absätze schief getreten od. schiefgetre-
　ten
– er hat den Verband schief gewickelt; ein schief ge-
　wickelter od. schiefgewickelter Verband

Aber:
– da bist du aber schiefgewickelt (ugs. für sehr im
　Irrtum)
– die Sache ist [total] schiefgegangen (ugs. für miss-
　lungen)
– das Unternehmen ist [ziemlich] schiefgelaufen
　(ugs. für missglückt)
– du hast du wohl [ganz] schiefgelegen (ugs. für ei-
　nen falschen Standpunkt vertreten)
– wir haben uns schiefgelacht (ugs. für heftig ge-
　lacht)

b) Entscheiden Sie, welche Schreibweise in den folgenden Fällen für die Bedeutung des Satzes zutrifft.

A | Ich habe im Gespräch eine Andeutung fallen lassen/fallenlassen, dass ich gern Urlaub machen möchte.

B | Ich habe die Anklage fallen lassen/fallenlassen.

C | Vor Schreck habe ich die Tasse fallen lassen/fallenlassen.

D | Ich musste den Plan wieder fallen lassen/fallenlassen.

E | Die Armbandage ist schief gewickelt/schiefgewickelt.

F | Wenn du denkst, ich räume dein Zeug weg, dann bist du schief gewickelt/schiefgewickelt.

G | Das Projekt ist leider schief gegangen/schiefgegangen.

H | Mit solchen Absätzen kann man doch nur schief gehen/schiefgehen.

Zu 13 bis 14:

Wenn man zusammenschreibt, kann sich die Gesamtbedeutung verändern.

Beispiele:

sitzen bleiben/sitzenbleiben:
– *In der U-Bahn sind alle sitzen geblieben.* (= wörtliche Bedeutung)
– *Ich bin in der Schule sitzengeblieben.*
– *Wir sind auf dem Obst sitzengeblieben.* (= übertragene Bedeutungen)

● **14** Schreiben Sie die Sätze (A–F) neu und setzen Sie entsprechend der Bedeutung des Satzes die richtigen Wörter ein. Achten Sie bei den Verben auf die Verbform.

Beispiel: krankfeiern – krank feiern
Du warst gestern nicht im Büro. Hast du krankgefeiert?
Du warst bei deinem Geburtstag erkältet und hast krank gefeiert?

A | **sowie – so wie**
Frau Jander ▊ ihr Kollege sind heute auf einer Fortbildung.
Ich mache meine Arbeit ▊ immer.

B | **zusammen arbeiten – zusammenarbeiten**
Wir können in diesem Raum nicht ▊.
Bei diesem Projekt können wir endlich einmal ▊.

C | **soviel – so viel**
▊ ich weiß, ist der Chef noch in der Konferenz.
Bitte trink nicht ▊ Alkohol!

D | **so weit – soweit**
▊ ich sehen kann, ist die Straße frei.
▊ ich es beurteilen kann, ist die Aufgabe richtig gelöst.

E | **sicher gehen – sichergehen**
In diesen Wanderschuhen kannst du ▊.
Ich habe bei der Bank angerufen, denn in dieser Sache will ich ▊.

F | **zurzeit – zur Zeit**
Ich habe ▊ kein eigenes Auto.
▊ meiner Großeltern war Deutschland noch geteilt.

Regel 2:
Der Infinitiv mit „zu" und das Partizip werden bei Verben, die in Einzelwörter trennbar sind, zusammengeschrieben.

1 **Entscheiden Sie, welche Verben in einzelne Wörter trennbar sind, welche nicht. Machen Sie dazu die Probe, indem Sie nach folgendem Muster vorgehen.**

Beispiele: aufhören → *Ich höre auf. (Ergebnis: trennbar)*

entsorgen → ~~*Ich sorge ent*~~. *(Ergebnis: nicht trennbar)*

A⌐ unterschreiben	B⌐ nachfragen	C⌐ zurückstellen
D⌐ vorgeben	E⌐ erzählen	F⌐ kürzertreten
G⌐ beauftragen	H⌐ wiedersehen	I⌐ volltanken
J⌐ überlegen	K⌐ widerspiegeln	L⌐ teilhaben

Zu 1:
Es gibt Verben, die in einzelne Wörter trennbar sind und Verben, die nicht in einzelne Wörter trennbar sind.

Beispiele:
– *heraussuchen* (trennbares Verb):
 *Er **sucht** die Akten **heraus**.*

– *übersehen* (nicht trennbar):
 *Ich **übersehe** diesen Fehler nie.*

2 **Bilden Sie mit den Wörtern (2–6) passende Verben im Infinitiv mit „zu". Ergänzen Sie die Sätze B–F mit diesen.**

1⌐ ~~listen (auf)~~ 2⌐ legen (ab) 3⌐ wechseln (aus)
4⌐ gehen (nach) 5⌐ hören (auf) 6⌐ erstatten(zurück)

A⌐ Ich habe ganz vergessen, die Posten für den Auftrag *aufzulisten*.
B⌐ Die Prüfung ist vor der Industrie- und Handelskammer ▨.
C⌐ Es reicht in der Regel, ein Ersatzteil ▨.
D⌐ Ich bitte Sie, der Beschwerde ▨.
E⌐ Manchmal ist es besser, mit der Arbeit ▨.
F⌐ Ich bitte Sie, mir das Geld ▨.

Zu 2 bis 3:
Der **Infinitiv mit „zu"** wird bei einem **trennbaren Verb** mit den anderen Bestandteilen zusammengeschrieben.
Beispiel:
*Der Chef hat ihn gebeten, die Akten heraus**zu**suchen.*

Bei nicht trennbaren Verben steht das „zu" getrennt vor dem Verb.
Beispiel:
*Der Fehler ist nicht **zu** übersehen.*

3 **Erstellen Sie eine Tabelle wie diese und bilden Sie von den Verben den Infinitiv mit „zu" und die Partizip-Formen.**

Infinitiv	Infinitiv mit zu	Partizip I	Partizip II
nachdenken	nachzudenken	nachdenkend	nachgedacht

A⌐ weggeben B⌐ hinauslaufen C⌐ eingießen
D⌐ vorbeigehen E⌐ abnehmen

4 **Schreiben Sie die Sätze. Fügen Sie das passende Wort im Infinitiv ein.**

fliegen/zufliegen – drehen/zudrehen – treffen/zutreffen – hängen/zuhängen – ~~bereiten/zubereiten~~

A⌐ Für die Betriebsfeier waren noch viele Speisen *zuzubereiten*.
B⌐ Es war besser, die Fenster im Sommer ▨.
C⌐ Wir verabredeten, uns morgen ▨.
D⌐ Ich musste nicht viel üben. Alles schien mir ▨.
E⌐ Der Einstellknopf ist langsam nach rechts ▨.

Zu 4:
Bei einem Verb mit der Vorsilbe „zu" (betonte Silbe) wird der Infinitiv mit zu zusammengeschrieben.
Beispiel:
zuhören → *Ihm fällt es schwer, **zuzuhören**.*

Regel 3:
Wochentage mit Tageszeiten, Kardinalzahlen (Grundzahlen) unter einer Million und alle Ordinalzahlen (Ordnungszahlen) werden zusammengeschrieben.

1 **Verbinden Sie den Wochentag mit der Tageszeit (~~Morgen~~ – Abend – Vormittag – Nachmittag – Mittag – Nacht) und schreiben Sie die Sätze entsprechend den Uhrzeitangaben in den Klammern neu.**
Beispiel: Am Dienstag gehe ich zu einer Fortbildung. (7:30 Uhr)
Am Dienstagmorgen gehe ich zu einer Fortbildung.

A ⌋ Ich habe bis Donnerstag den Auftrag erledigt.   (10:30 Uhr)
B ⌋ Sonntag brach im Nebengebäude ein Brand aus.   (1:00 Uhr)
C ⌋ Spätestens am Freitag sehen wir uns.   (20:30 Uhr)
D ⌋ Das Seminar endet am Samstag.   (16:15 Uhr)
E ⌋ Jeden Mittwoch gibt es eine regelmäßige Teamsitzung.   (12:00 Uhr)

2 **Fassen Sie die fett gedruckten Wörter in einem Begriff zur Zeitangabe zusammen. Schreiben Sie die Zeitangabe groß.**
Beispiel: am Donnerstag, und zwar am Vormittag → am *Donnerstagvormittag*

A ⌋ Spätestens **Dienstag am Mittag** werde ich im Zug sitzen.
B ⌋ Am **Donnerstag** wurden **am Nachmittag** die neuen Waren geliefert.
C ⌋ Die Lagertür lässt sich seit jenem **Abend am Freitag** nicht mehr richtig schließen.
D ⌋ **Am Morgen** des kommenden **Montags** müssen die Preislisten mit den Sonderangeboten an den Kassen bereitliegen.

Zur Großschreibung
siehe S. 9, Übung 16

3 **Schreiben Sie die Zahlen in Buchstaben.**

A ⌋ An jedem 1. und 3. Freitag im Monat gibt es Sonderrabatte.
B ⌋ Der Verkäufer verpflichtet sich, 5.680 Bodenfliesen Tevere Marone in der 42. KW an den Käufer zu liefern.

4 **Schreiben Sie die Zahlenangaben in Ziffern mit Bindestrich.**

A ⌋ eine dreitägige Abwesenheit
B ⌋ die zweitägige Fortbildung
C ⌋ die über fünfzigjährigen Angestellten
D ⌋ drei- bis viermal so hoch
E ⌋ ein sechsunddreißigteiliges Besteck
F ⌋ ein Achtzylinder

Zu 4:

In **Zusammensetzungen** werden Zahlen in Ziffern mit **Bindestrich** geschrieben.
Beispiel:

eine zehnprozentige Erhöhung → *eine 10-prozentige Erhöhung*

R

Regel 4:
Straßennamen (und Namen von Plätzen und Gebäuden etc.) werden in der Regel zusammengeschrieben.

Diese Regel gilt auch dann, wenn es sich um einen Personennamen handelt, der auf „-er" endet. → Beispiel: Alexanderplatz

1 **Notieren Sie die Straßennamen, indem Sie die Wörter in den Klammern miteinander verbinden und großschreiben.**
Beispiel: (herrmann/platz) → *Herrmannplatz*

Die U1 fährt von der **A** ☐ (prinzen/straße) über **B** ☐ (gleis/dreieck) und **C** ☐ (möckern/brücke) zum **D** ☐ (wittenberg/platz). Dort gibt es eine Umsteigemöglichkeit in die U2, die über **E** ☐ (bismarck/straße) und **F** ☐ (kaiser/damm) Richtung (**G** ruh/leben) weiterfährt.

Zu 1:
Die Ableitung eines Straßen-, Orts- oder Ländernamens auf „er" schreibt man getrennt.
Beispiel:
Frankfurter Straße

2 **Schreiben Sie die Straßennamen korrekt, indem Sie die Vor- und Zunamen mit den Substantiven „Straße" oder „Platz" in der richtigen Reihenfolge verbinden.**
Beispiel: PLATZUNDGRIMMJACOBWILHEM
→ *Jacob-und-Wilhelm-Grimm-Platz*

A KENNEDYF.STRAßEJOHN ☐ **C** VANSTRAßEGOGHVINCENT ☐
B THEODORPLATZHEUSS ☐ **D** KÄSTNERPLATZERICH ☐

Zu 2:
Besteht der erste Teil des Straßennamens aus **zwei oder mehr Namen**, werden die einzelnen Wörter mit **Bindestrich** geschrieben.
Beispiel:
Anna-von-Ostrau-Straße 8

3 **Notieren Sie die spiegelverkehrt geschriebenen Wörter in korrekter Weise.**
Beispiel A: Spanische Allee

A spanische allee **C** glienicker brücke
B potsdamer platz **D** luxemburgische chaussee

Zu 3 bis 4:
Straßennamen, die aus **verschiedenen Wortarten** (z. B. auch einem gebeugten Adjektiv) bestehen, werden getrennt geschrieben und folgen den üblichen Regeln der **Groß- und Kleinschreibung**. Das erste Wort eines Straßennamens wird großgeschrieben.
Beispiele:
– *Alte Bernhauser Straße 7*
– *Unter den drei Linden 14*

4 **Notieren Sie die Straßennamen in korrekter Weise. Beachten Sie dabei die Groß- und Kleinschreibung.**
Beispiel: Auf der Fischerinsel 10

A anderburg 10 **C** langegasse 126
B hohesufer 41 **D** aufdermittelinsel 20

Zur Großschreibung
siehe S. 18, Übungen 1–4

Test

Entscheiden Sie, welche Schreibweise nach der Ziffer (1, 2) richtig ist.

1	Bei einer Verkehrskontrolle sollte man die Fahrzeugpapiere (1) bereithalten / (2) bereit halten.
2	Hast du dir (1) weh getan / (2) wehgetan?
3	In der Regel werden die Waren am (1) Montag Morgen / (2) Montagmorgen geliefert.
4	Für (1) 3Tonner / (2) 3-Tonner braucht man eine besondere Fahrerlaubnis.
5	(1) Zurzeit / (2) Zur Zeit muss ich wieder mit der U-Bahn fahren.
6	Das Projekt darf nicht (1) schiefgehen / (2) schief gehen.
7	(1) So viel / (2) Soviel ich weiß, sind morgen die Geschäfte geschlossen.
8	Die Hochhäuser in Frankfurt am Main sind (1) riesengroß / (2) riesen groß.
9	(1) Nirgend wo / (2) Nirgendwo sind die Züge so pünktlich wie in der Schweiz.
10	Billige Produkte müssen nicht (1) minder wertig / (2) minderwertig sein.
11	Was ist bei der Untersuchung des Unfalls (1) herausgekommen / (2) heraus gekommen?
12	(1) Dies mal / (2) Diesmal dürfen wir keine Fehler machen.
13	Der Verkehr hat in den letzten Jahren in den Städten (1) überhandgenommen / (2) überhand genommen.
14	Kannst du das Telefongespräch (1) wieder geben / (2) wiedergeben?
15	Dein Verhalten wird dir noch (1) Leid tun / (2) leidtun.
16	In diesem Jahr ist der Einzelhandel auf den Waren (1) sitzen geblieben / (2) sitzengeblieben.
17	Der (1) Kreisverkehr / (2) Kreis Verkehr kann für einen Radfahrer gefährlich sein.
18	Unter dem (1) Kennedy-Platz / (2) Kennedyplatz gibt es ein großes Parkhaus.
19	Können Sie (1) gewährleisten / (2) Gewähr leisten, dass der Kundendienst bis 11 Uhr den Auftrag ausgeführt hat?
20	Nach deiner Krankheit solltest du mit der Arbeit (1) kürzer treten / (2) kürzertreten.
21	Die Frau hat sich (1) hilfesuchend / (2) Hilfe suchend umgeschaut.
22	Unser Handwerker hat (1) 2mal / (2) 2-mal versucht, den Kunden zu erreichen.
23	Gegenstände aus Edelstahl sind (1) Säure beständig / (2) säurebeständig.
24	Den betrieblichen Verbesserungen kann man nur (1) zu stimmen / (2) zustimmen.
25	(1) Normaler weise / (2) Normalerweise liegt der Lieferschein der Lieferung bei.
26	Die (1) Kaufmotive / (2) Kauf Motive der Kunden können unterschiedlich sein.
27	Die (1) EU Richtlinien / (2) EU-Richtlinien sind vorbildlich.
28	Der Zustelldienst ist (1) superschnell / (2) super schnell.
29	Als Verkäufer sollte man sich bemühen, den Kunden (1) zufrieden zu stellen / (2) zufriedenzustellen.
30	Die Aussicht war (1) Atem beraubend / (2) atemberaubend schön.

Lösungen
b5mg2g

Dehnung

Stimmt es, dass im Deutschen lange Vokale in der Schreibung nicht angezeigt werden?

Grundsätzlich stimmt das. Es gibt aber Wörter, die mit einem h, einem Doppelvokal oder e/eh die Dehnung anzeigen. Diese Wörter kann man schnell lernen.

Regel 1:
Ein Dehnungs-h kann nur vor m, n, l, r stehen.

1 **Finden Sie zu jedem der Wörter mit Dehnungs-h je 3 verwandte Wörter.**
Beispiel: nehmen → *Aufnahme, aufgenommen* (o kurz gesprochen), *übernehmen*

A stehlen **B** dehnen **C** fehlen **D** hohl

2 **Bilden Sie zu den Verben jeweils die Präteritumsform in der 3. Person Singular.**
Beispiel: nehmen → *er/sie/es nahm*

A bohren **D** beehren **G** empfehlen **J** ausführen
B ähneln **E** einrahmen **H** zahlen **K** zähmen
C wahren **F** wühlen **I** ermahnen **L** lehren

Zu 2:
Konjugierte Verben können nur dann ein Dehnungs-h enthalten, wenn im Präsens bereits eines steht.

3 **Entscheiden Sie, welche der unterstrichenen Wörter wie angegeben geschrieben werden. Schreiben Sie die falsch geschriebenen Wörter in korrekter Rechtschreibung.**

A Schon Mitte des letzten Jarhunderts machte man in Deutschland Versuchsborungen nach Erdöl.
B Das Kolenwasserstoffgemisch des zähflüssigen Rohstoffs entstand durch verwesende Tier- und Pflanzenreste.
C Da Förderunternemen hohe Löne zalen, sind die Jobs begert.
D Das Arbeiten auf einer Plattform ist zwar schonungslos, aber man bemüt sich natührlich, einen angenemen Ausgleich zu schaffen.
E Die Bequemlichkeiten haben nämlich immer wieder viele Menschen angezohgen, diese harte Arbeit anzunemen.

4 Finden Sie im folgenden Raster 4 gleichlautende Wörter, die einmal mit und einmal ohne Dehnung-h geschrieben werden und schreiben Sie diese heraus. Erklären Sie die unterschiedlichen Bedeutungen.

W	I	T	B	U	C	O	C	H	L	T	I	I	S	P
A	C	M	V	A	M	K	P	B	W	A	O	N	F	N
H	W	A	R	W	A	L	H	N	A	M	E	N	V	H
R	H	H	Z	S	L	G	Q	Z	H	B	U	U	J	L
T	I	L	A	T	F	A	A	U	L	S	T	H	O	I
J	E	K	Q	Z	H	W	P	B	N	A	H	M	E	N

Zu 4:
Manchmal kann man herausfinden, wie man das Wort schreibt, indem man auf die **Bedeutung** des Wortes achtet.
Beispiele:
– *wahr* (richtig)
– *war* (Präteritumsform von sein)
– *mahlen* (zerkleinern)
– *malen* (mit Farbe arbeiten)

5 Finden Sie die Wörter, die ohne das nötige Dehnungs-h geschrieben wurden. Schreiben Sie diese in korrekter Rechtschreibung.

Jedes Jar kann man regelmäßig in Zeitungen erfaren, wie es um das Lesen bei Jugendlichen steht. Es werden Studien durchgefürt, die uns leren, dass viele junge Menschen durch ir Leben gehen, one ein einziges Buch zu lesen. Allerdings ist es wol so, dass die Merheit der Jugendlichen auch weiterhin viel liest. Man wirft inen nur vor, dass sie ire Zeit häufiger mit sozialen Netzwerken verbringen oder viele Dinge online lesen. Wohin in Zukunft das zunemende Vorlesen durch einen Computer fürt, ist hingegen eine andere Frage.

Zu 5:
Pronomen (ihn, ihr, ihnen, ihren, ihres, ihrer) enthalten ein Dehnungs-h.

6 Bilden Sie aus den einzelnen Bestandteilen A–F und den Silben 1–6 Fremdwörter und schreiben Sie diese korrekt auf. Unterstreichen Sie den lang gesprochenen Vokal.

A	Kommen	D	Operat	1	tor	4	dar
B	Akt	E	Referen	2	tar	5	ion
C	Direk	F	Kult	3	ur	6	ion

Zu 6:
Fremdwörter enthalten kein Dehnungs-h.

Merkwörter mit h:

ahnen	mehr
bohren	Wahl
hohl	wahren
kahl	Wohnung
mahlen (zerkleinern)	

Merkwörter ohne h:

holen	malen (mit Farbe gestalten)	Schnur
hören	Name (nämlich)	sparen
Kram	Schale	spülen
Mal (Narbe, Kennzeichen)	schmal	stören
		stur

Regel 2:
Das lang gesprochene i wird in deutschen Wörtern meist mit -ie geschrieben.

1 **Schreiben Sie die Wörter richtig, in denen die Vokale falsch sind.**

A ⌐ Lober gleich als na.
B ⌐ Verschabe nichts auf morgen.
C ⌐ Probaren geht über Studaren.
D ⌐ ein rusiges Problem
E ⌐ immer wader dasselbe
F ⌐ zümlich oft
G ⌐ Ich bitte volmals um Entschuldigung.
H ⌐ Den Zugangscode darf man nicht verlaren.

2 **Notieren Sie jeweils mindestens ein weiteres Wort mit dem gleichen Wortstamm.**
Beispiel: vierteln → *vierundzwanzig*

A ⌐ vierteln B ⌐ gierig C ⌐ tierisch D ⌐ schieben E ⌐ biegen

3 **Notieren Sie zu den Verben die Präteritumsform (1. Person).**
Beispiel: schreiben → *ich schrieb*

A ⌐ bleiben   C ⌐ gefallen   E ⌐ verlassen   G ⌐ schweigen
B ⌐ heißen   D ⌐ halten   F ⌐ steigen   H ⌐ rufen

4 **a) Schreiben Sie jeweils ein Substantiv mit dem gleichen Wortstamm auf.**

A ⌐ ökologisch   C ⌐ allergisch   E ⌐ industriell
B ⌐ fotografieren   D ⌐ demokratisch   F ⌐ fantastisch

b) Schreiben Sie jeweils ein Verb mit dem gleichen Wortstamm auf.

A ⌐ Analyse   C ⌐ Blamage   E ⌐ stabil
B ⌐ Abonnement   D ⌐ interessant   F ⌐ experimentell

Zu 4 bis 5:
Fremdwörter (Substantive), die ein lang gesprochenes i im Auslaut haben, werden mit -ie am Ende geschrieben. Diese Schreibung gilt auch für Verben auf -ieren.

5 **Notieren Sie das jeweilige Fremdwort zur Umschreibung.**

A ⌐ eine geniale Person
B ⌐ eine Mehrfertigung
C ⌐ Spielleitung beim Film, Fernsehen
D ⌐ Sucht, Besessenheit
E ⌐ Wird auch in Kilojoule gemessen
F ⌐ Das Gegenteil von Praxis
G ⌐ Lehre von der Wirtschaft
H ⌐ Buch über eine Lebensgeschichte

6 Schreiben Sie die Wörter mit der richtigen Endung.

A Term⬛ **D** Mediz⬛ **G** Diszipl⬛ **J** Kab⬛
B Masch⬛ **E** Vitam⬛ **H** Rout⬛ **K** Turb⬛
C Kam⬛ **F** Magaz⬛ **I** Mandar⬛ **L** Vitr⬛

Zu 6:

Fremdwörter, die auf -in oder -ine enden, werden nicht mit ie geschrieben.

7 Notieren Sie die unterstrichenen Wörter in der richtigen Schreibweise.

A Früher schrieben viele Menschen noch mit der Schreibmaschi(e)ne.

B Di(e)se funktioni(e)rte im Gegensatz zu einem Computer meist wi(e) gewünscht.

C In den ersten Jahren li(e)fen Computer eben nicht wie geschmi(e)rt.

D Gelegentlich fi(e)ngen sie an, komi(e)sche Geräusche zu produzi(e)ren.

E Und dann musste man sie ständig repari(e)ren lassen.

F Wenn man sich etwas mehr mit Computern auskannte, machte man verschi(e)dene Tests, schaltete sie ein und wi(e)der aus.

G Doch meist bekam man fast die Kri(e)se und war wi(e)rklich schon kurz davor, sofort alles demonti(e)ren zu lassen.

H Doch si(e)he da, eines Tages wurden auch die Computer zuverlässiger.

Zu 7 bis 8:

Wenn Sie unsicher in der Schreibung sind, schlagen Sie in einem Wörterbuch nach.

8 Bilden Sie mit einem Wort aus A–H und einem passenden Wort aus 1–8 ein zusammengesetztes Wort.

A Augen **E** Fiber **1** Thermometer **5** Stil
B Kinder **F** Fieber **2** Stiel **6** Lid
C Bleistift **G** Musik **3** Glas **7** Lied
D Unschuld **H** Rosen **4** Miene **8** Mine

9 Finden Sie im folgenden Raster 12 korrekt geschriebene deutsche Wörter mit Doppelvokalen und schreiben Sie diese heraus.

K	H	I	H	E	E	R	J	B	D	K	B	E	E	T
B	A	T	E	E	U	P	M	E	X	K	M	D	V	B
O	A	Z	P	Z	I	A	E	E	W	T	E	E	R	G
O	R	H	H	O	Q	A	E	R	E	Q	O	J	R	P
T	W	M	O	O	S	R	R	E	S	C	H	N	E	E

Zu 9:

Es gibt nur wenige deutsche Wörter, in denen die Dehnung durch einen Doppelvokal angezeigt wird.
Nur die Vokale a, e und o werden verdoppelt.

Merkwörter:

Aal	Staat	Moos	Meer	Benzin	Miene (Gesichts-	Maschine
Haar	Waage	Beere	Schnee	Fieber	ausdruck)	Mine (z. B. Bergwerk,
Paar	Boot	Idee	Seele	Lied	Schiene	Schreibgerät)
Saal	Moor	leer	Tee		Stiel (z. B. einer	Routine
					Pflanze)	Stil (schreiben)

Test

Entscheiden Sie, welche Wörter nach der Ziffer 1, 2, 3, 4 korrekt geschrieben sind.

1	Dass die Mannschaft erfolglos (1) wahr, wird auf (2) ire (3) fehlerhafte Analyse (4) zurückgefürt.
2	Denn nur (1) wenige (2) Jahre später wurde eine andere Gesellschaft bei der (3) Borung nach Öl (4) angenem überrascht.
3	Sie hatten (1) wol ein gutes (2) Gespür und (3) zuvor auch exakte (4) Daten ermittelt.
4	Das ist kein (1) alarmierender Befund und eine Behandlung ist nicht (2) riesikoreich, aber die (3) Therapi (4) zieht sich hin.
5	Wer diese (1) Prozedur (2) unbeschadet (3) übersteht, kann als echtes (4) Uhrgestein bezeichnet werden.
6	Immer (1) wider (2) fiel die (3) Maschiene am (4) Mohntag aus.
7	Eine (1) Vielzahl von (2) Unternehmen bevorzugt eine (3) Bahrzahlung, da sie einfach Geld (4) spahren wollen.
8	Beim Kunden können sie das Geld (1) hohlen, (2) one (3) Einbußen (4) hinnemen zu müssen.
9	Es ist vernünftig, den (1) Termin in (2) disen (3) Kriesenzeiten nicht zu (4) verschieben.
10	Eventuell (1) riskirt man sonst eine (2) intensive Kostensteigerung und (3) risige (4) Schwierigkeiten bei der Rechtfertigung.
11	(1) Mülen (2) malen zwar langsam, aber (3) stehtig, und das gibt (4) inen Hoffnung.
12	Die (1) Aufname in diesen (2) auserwählten Kreis ist nicht einfach, aber der (3) Lohn der Mühe ist (4) warlich groß.
13	Die (1) Turbine ist eine (2) rotirende (3) Ströhmungsmaschine, die (4) Energie umwandelt.
14	Im (1) Prinzip handelt es sich um eine (2) Batteri, die dazu (3) dient, Stromschwankungen (4) soliede auszugleichen.
15	Die (1) Rohre wurden (2) quer durch das (3) Wonzimmer gezogen, was sehr (4) ungewönlich ist.
16	Die meisten (1) Tiere (2) inklusieve der meisten Säuger können (3) Vitamien C (4) produzieren.
17	Die (1) legendähren (2) Schmalspurbanen (3) lösen eine (4) änliche Faszination aus wie Oldtimer.
18	Wenn ein Gerät aus (1) unterschiedlichen Gründen während der (2) Garantieperiode nicht richtig (3) funktionirt, muss der Verkäufer oder Hersteller die Funktionsfähigkeit kostenlos (4) widerherstellen.
19	Es mag ein (1) par Leute trösten, im gleichen (2) Bot zu sitzen, wenn man sich in der Tat über einer (3) verherenden (4) Miene befindet.
20	Dieses (1) Tribühnensystem ist das (2) Ergebnis (3) jahrzentelanger (4) Erfahrung.

Konsonantenverdopplung (auch ck, tz)

Im Deutschen sind grundsätzlich bestimmte Laute bestimmten Buchstaben zugeordnet. Aber einen Doppelkonsonanten spricht man doch nicht doppelt.

Das ist richtig. Aber drei Regeln helfen zu erkennen, wann ein Doppelkonsonant, ck oder tz geschrieben werden.

Regel 1:
Folgt auf einen betonten kurz gesprochenen einfachen Vokal im Wortstamm nur ein Konsonant, wird der Buchstabe für diesen Konsonanten verdoppelt.

○ **1** **a) Notieren Sie jeweils den Wortstamm der folgenden Wörter.**

A hoffen, Hoffnung, hoffentlich, hoffend
B stellen, Stellung, Stelle, stellend, Steller
C bestimmen, stimmen, Bestimmung, bestimmbar, stimmig, Stimme

b) Sprechen Sie die Wörter halblaut vor sich hin. Entscheiden Sie, ob der erste Vokal im Wort lang oder kurz gesprochen wird. Übertreiben Sie die Länge bzw. Kürze.

A schallen – Schalen **D** offen – Ofen **G** schwelen – schwellen
B wenn – wen **E** den – denn **H** trennen – Tränen
C las – lass **F** Hofe – hoffe **I** Kamm – kam

○ **2** **Schreiben Sie die fehlenden Formen des Präsens (in A) bzw. Präteritums (in B) auf.**

A ich ▮; du *fällst*; er, sie, es ▮; wir ▮; ihr ▮; sie *fallen*
B ich ▮; du ▮; er, sie, es ▮; wir ▮; ihr *kanntet*; sie ▮

Zu 1:

Der Wortstamm ist der bedeutungstragende Teil eines Wortes nach Abtrennung aller Elemente der Wort- und Formbildung.

Beispiel:

*An-**streng**-ung-en*
(Wortstamm: *streng*)

Zu 2 bis 4:

Die Verdoppelung des Konsonanten im Wortstamm bleibt auch bei der Flexion und verwandten Wörtern erhalten, wenn der Vokal im Wortstamm weiterhin kurz gesprochen wird.

Beispiele:

– *ich ho**ff**e, du ho**ff**st*
– *ho**ff**nungslos*

Aber: *Sie **schuf*** (lang gesprochen, von *schaffen*)

Vorsicht: *insgesamt, man*

3 Notieren Sie jeweils fünf Wörter mit dem markierten Wortstamm.

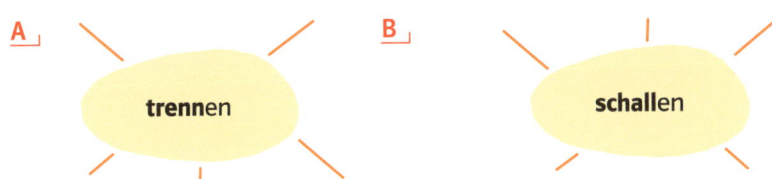

A   **trenn**en

B   **schall**en

4 Schreiben Sie die falsch geschriebenen Wörter korrekt.

A Die Einkommensschere
ist deutlich erkennbar.
B die Kasse verwalten
C ja nichts daran rüteln
D die Retturntaste drücken
E die Maschine anhalten

F Hier halt es schrecklich.
G Er hollte sämtliche Informationen
aus dem Netz.
H Das klapt nur sellten.
I Er wolte das Blatt fallten.
J Sie bestelte zu viel.

5 Bilden Sie aus den englischen Wörtern im Deutschen gebräuchliche Verben.

A to tip   **B** the scan   **C** the mob   **D** to split   **E** the job   **F** to trim

Zu 5:

Aus dem englischen Sprachgebrauch abgeleitete **Verben** passen sich häufig der Verdoppelungsregel im Deutschen an.

> **Regel 2:**
> In den deutschen Wörtern wird k als ck, z als tz verdoppelt.

1 Schreiben Sie die Wörter mit den falsch verwendeten Konsonanten korrekt.

A Zum Schuzz vor Kälte verlangten sie warme Degen.
B Ihre Kenntnisse waren lügenhaft.
C Sie wollte nicht als zigig gelten.
D Der Werckartzt war gleich zur Stelle.
E Er stüzte sich am Geländer ab.
F Alle bevorzugten eine verkürtzte Mittagspause.
G In der Kürze liegt die Würtze.
H Diese Schüssel sieht zwar schicker aus, ist aber nicht hitztebeständig.

2 a) Finden Sie jeweils das Wort, das in der Schreibweise nicht in die Reihe passt.

A geizig – hetzen – schmutzig – zuletzt – geschwätzig
B versteckt – Rückhalt – anecken – anekeln – Überblick
C Kratzspuren – Mütze – Münze – platzieren – verletzt
D tackern – hacken – Packstation – Haken – leckgeschlagen

b) Notieren Sie den Wortstamm des jeweils gefundenen Wortes und begründen Sie die Schreibweise.

Regel 3:

Die Endungen -in und -nis sind zwar nicht betont, aber der Endkonsonant wird im Plural verdoppelt.

1 Notieren Sie den Plural.

A Sprecherin **C** Fahrerin **E** Verkäuferin **G** Verhältnis
B Hindernis **D** Geständnis **F** Elektronikerin **H** Assistentin

2 Zergliedern Sie diese Wörter nach dem folgenden Muster:
Beispiel: Hanffaser → *Faser des Hanfs*

A Deckenneigung **C** Zeugnissprache **E** Ergebnissicherung
B Holzzuschnitt **D** Fingerring **F** Rottönung

3 Bilden Sie vier zusammengesetzte Wörter, sodass drei gleiche Konsonanten aufeinanderfolgen.

Baumwolle – Schiff – Flanell – Werkstatt
Temperatur – Fahrt – Lappen – Laken

4 a) Ordnen Sie die Begriffe in der linken Spalte einer Erklärung in der rechten Spalte zu.
Beispiel: A 7

A	parallel	**1**	Befehlsgewalt
B	detailliert	**2**	Beauftragter, Dienstbezeichnung
C	Akkordlohn	**3**	Ausschuss
D	Akkumulator	**4**	Bezahlung nach Stückzahl
E	Kollision	**5**	Gemeinde
F	Kommando	**6**	Zusammenstoß
G	Kommission	**7**	in einer Ebene liegend oder gleichzeitig ablaufend
H	Asymmetrie	**8**	Fehlen spiegelbildlicher Übereinstimmung
I	Kommerz	**9**	Stromspeicher
J	Kommune	**10**	Handel und Geschäftsverkehr
K	Kommissar	**11**	im Einzelnen dargelegt

b) Notieren Sie zu den Wörtern G–K je ein Adjektiv mit gleichem Wortstamm.
Beispiel: Kollege → *kollegial*

Zu 1:
Auch im Genitiv Singular der Wörter auf -nis wird der Endkonsonant verdoppelt.
Beispiel:
des Zeugnisses

Zu 2 bis 3:
Vorsicht:
Es gibt Wörter, in denen zwei oder gar drei gleiche Konsonanten aufeinanderfolgen, weil das Wort aus mehreren Wörtern zusammengesetzt ist. Dabei handelt es sich also nicht um eine Konsonantenverdoppelung.
Beispiel:
Hanffaser (= Hanf + Faser)
Sauerstoffflasche (= Flasche gefüllt mit Sauerstoff)
Nur bei „Stoff" liegt eine Konsonantenverdoppelung vor.

Zu 4:
Fremdwörter folgen in vielen Fällen auch den Regeln der deutschen Konsonantenverdoppelung.
Beispiele:
Debatte, Interesse, kaputt, Protokoll

Oft ist aber die Häufung gleicher Konsonanten nur auf der Grundlage der Wortbildung in der Fremdsprache zu erklären.
Beispiele:
Kollegialität, Attribut

Merkwörter:

(sie) fällt	(es) hallte	zuletzt	Appell	Kommission	Pizza
(sie) faltet	insgesamt	Metzger	Attest	Kommunikation	Razzia
(ich) halte	Geiz	Akkord	Kommentar	Konkurrenz	
(du) hältst	reizen	Akku(mulator)	Kommerz	Symmetrie	

Test

Entscheiden Sie, welche Wörter nach der Ziffer 1, 2, 3, 4 richtig geschrieben sind.

1	Die Küche war nur durch eine (1) Regalwannd von den (2) Inenräumen (3) abgetrent.
2	Die (1) schalisolierten Fenster (2) wirrkten wie ein (3) Puffer gegenüber der Außenwelt.
3	Sie (1) erschrack beim (2) Anblik der vielen (3) Macken im Boden.
4	Am (1) schlimsten war, dass das (2) Trepenhaus so (3) baufälig war, dass es kaum eine (4) Rettung gab.
5	(1) Überal waren die (2) Türschwelen stark (3) abgetretten.
6	Ein (1) Rüktritt ist in diesem Fall (2) trotz (3) ärztlicher Bescheinigung nicht möglich.
7	(1) Hitze und ein Mangel an (2) Pläzzen für den (3) Rükzug (4) sezten ihnen sehr zu.
8	Die (1) spizen (2) Ecken führten zu (3) Verleztungen.
9	Man konnte ihm schon eine (1) komunikative Kompetenz (2) atestieren.
10	Aber sein (1) Verhältniss zu den (2) Kolleginen war nicht gerade das beste.
11	Sie leitete die Gruppe der (1) Assistentinen nur (2) komissarisch.
12	Sie (1) kammen (2) scharrenweise an und verwüsteten (3) alles.
13	Der (1) Schatten, (2) denn man hier sieht, ist nicht normal.
14	Zuerst wurde er (1) gemobt und (2) dan in das abgelegenste (3) Zimmer des Hauses (4) verbant.
15	So blieb er die (1) gantzen (2) lezten Jahre (3) ausgegrenzt.
16	Nach seinem (1) Appel konnten sich die (2) Ergebnise wieder sehen lassen.
17	(1) Rücksichtslos war er nicht, aber er (2) versezte ihnen schon einen (3) Schreken.
18	Angesichts der vielen negativen (1) Komentare über die (2) Konkurrenz sind die (3) Ergebnise (4) hervoragend.
19	Sie (1) bekunndeten (2) übereinstimmend, dass sie in Zukunft mehr (3) gewinorientiert arbeiten (4) wolten.
20	Mit seinem Angebot (1) verbannd er keine privaten (2) Interesen.
21	Wenn der (1) Akku in Betrieb ist, schaltet sich der (2) Temperaturegler automatisch ein.
22	Sie (1) sollten den Betrag (2) aufspliten und mir danach in (3) gescanter Form die Rechnung mailen.
23	In ihrer Antwort hat er eine (1) unterschwelige Kritik (2) wahrgenomen.
24	Sie (1) erkante ihn an seiner (2) Stimme, (3) den sie hatten jahrelang (4) zusammengearbeitet.
25	(1) Wen du hier die (2) Kannten noch gleichmäßig (3) abnimst, bin ich zufrieden.
26	(1) Detailiert konnte er den Ausschuss bei seiner (2) Akordarbeit nicht angeben.
27	Unsere (1) Komune verwendet bei Bauarbeiten nur natürliche (2) Dämmaterialien.
28	(1) Offensichtlich (2) stimt bei ihnen die (3) gesamte (4) Einstelung.
29	(1) Den sonst hätten sie nicht den Erfolg verbucht, (2) denn sie nun genießen.
30	(1) Wenn (2) wunndert es, (3) wen sie jetzt stolz auf sich sind.

Lösungen
m77yp4

47

Lautschreibung

Grundsätzlich schreibt man, wie man spricht. Richtig ist aber, dass manche Wörter anders klingen, als man sie schreibt. Hier muss man jedoch nur wenige Ausnahmen beachten.

Man sagt immer, dass im Deutschen so geschrieben wird, wie man spricht. Aber da habe ich dann doch meine Zweifel.

Regel:

Im Deutschen sind grundsätzlich bestimmte Laute bestimmten Buchstaben zugeordnet. So ist zum Beispiel der Laut [a] dem Buchstaben a, der Laut [b] dem Buchstaben b zugeordnet.

---

1 **Schreiben Sie das Wort mit dem richtigen Endbuchstaben oder der richtigen Endung und verlängern Sie das jeweilige Wort.**

Beispiel: Aben☐ → *Abend – Abende*

A	Gel☐	E	Privile☐	I	Gratulan☐
B	Antrie☐	F	Dutzen☐	J	Sympathisan☐
C	Mitarbeiterstan☐	G	Begleitumstan☐	K	Diaman☐
D	Lebenswe☐	H	Verban☐	L	Aspiran☐

2 **Notieren Sie die Fremdwörter und ergänzen Sie in A Vokale und in B Konsonanten.**

A | Ph☐s☐k | R☐f☐r☐t | t☐x☐sch
M☐m☐k | Th☐rm☐st☐t | n☐nv☐rb☐l

B | i☐☐e☐a☐ | p☐o☐es☐ieren | abs☐ra☐t
Plan☐a☐e | bo☐nie☐t | mo☐o☐o☐
In☐e☐p☐e☐a☐ion | re☐ar☐ie☐end | e☐a☐t

3 **Notieren Sie das Fremdwort, das zur Erklärung passt. Schreiben Sie es groß und ergänzen Sie dabei die Vokale.**

Fremdwörter:

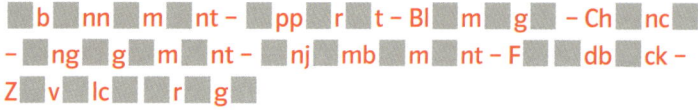

☐b☐nn☐m☐nt – ☐pp☐r☐t – Bl☐m☐g☐ – Ch☐nc☐ – ☐ng☐g☐m☐nt – ☐nj☐mb☐m☐nt – F☐☐db☐ck – Z☐v☐lc☐☐r☐g☐

Zu 1:

Ist man sich unsicher, welcher Buchstabe geschrieben wird, wird das Wort verlängert, da sich der Konsonant beim Verlängern nicht verändert.

Beispiel:

Wald → Wälder („d" gesprochen als Laut **d**)

Dies gilt auch für -ant, -and sowie -end und -ent.

Zu 2:

Die Regel zur Lautschreibung gilt auch für Fremdwörter.

Zu 3:

Manche Fremdwörter aus dem Englischen oder Französischen behalten die Aussprache und ursprüngliche Schreibung bei.

Diese muss man lernen.

Beispiele:

– *Engagement* (aus dem Französischen)
– *Management* (aus dem Englischen)

A	Mut, die eigene Überzeugung zu vertreten	**E**	Schande, Bloßstellung
B	Regelmäßiger Bezug einer Zeitschrift usw.	**F**	Zeilensprung
C	Gelegenheit	**G**	Rückmeldung
D	persönlicher Einsatz	**H**	Gerät

4 Schreiben Sie die Wörter mit der falschen Endung korrekt.

A Für sie ist diese Beziehung das einzich Schöne in ihrem Leben.

B Es ist für den Protagonisten nicht sehr schwierich, eine richtiche Lösung zu finden.

C Er ist zu Außergewöhnlichem fähich.

D Er steht zwar vor riesichen Problemen, diese sind allerdings nicht so gewaltich, wie zunächst angenommen.

Zu 4:

Das korrekt gesprochene [-ich] wird im Deutschen in Adjektiven und Substantiven am Wortende -ig geschrieben. Beim Verlängern der Wörter hört man den Buchstaben eindeutig, der geschrieben wird.

Beispiel:
– *Essig* (gesprochen: -ch)
– *Essige* (gesprochen: g)

5 Schreiben Sie die Wörter korrekt mit den Buchstaben t oder d.

A to☐diskutieren   **B** to☐müde   **C** to☐krank

Zu 5:

Bei zusammengesetzten Verben schreibt man die Laute tot-, bei zusammengesetzten Adjektiven tod-.

6 Entscheiden Sie, ob das Wort mit „Ende" zusammenhängt. Schreiben Sie die Wörter mit der richtigen Silbe groß (Substantive) oder klein.

A	☐deckung	**E**	☐hüllung	**I**	un☐lich
B	☐ergebnis	**F**	☐silbe	**J**	☐behrlich
C	☐lastung	**G**	☐gegengesetzt	**K**	☐facht
D	☐richten	**H**	☐punkt	**L**	☐lagerung

Zu 6:

Hängt die Silbe -end mit dem Wort „Ende" zusammen, schreibt man sie end-.
In allen anderen Fällen schreibt man ent-.

7 Notieren Sie die Sätze. Entscheiden Sie, ob es sich um eine Form des Verbs „sein" handelt und ergänzen Sie entsprechend „seid" oder „seit".

A Warum ☐ ihr ☐ zwei Tagen im Verzug?

B ☐ dieses Programm installiert ist, läuft der PC langsamer.

C Ist das Problem erst ☐ voriger Woche oder schon ☐ Langem bekannt?

D Wenn ihr bereit ☐, dann beginne ich mit meiner Präsentation.

Zu 7:

Bei „seid" handelt es sich um eine konjugierte Form des Verbs „sein", „seit" gibt einen Zeitpunkt oder eine Dauer an.

Siehe Groß- und Kleinschreibung, Regel 1, Seite 6

8 Notieren Sie in A–F das Wort, das aufgrund der Schreibweise passt.

A Er schenkte ihr einen (Bund/bunt) roter Rosen.

B Das (Hemd/hemmt) seinen Tatendrang nicht besonders.

C Eine (Leere/Lehre) zog er aus seinem Verhalten allerdings nicht.

D Er gab ihr keinen guten (Rat/Rad).

E Das ist bereits seit (Uhrzeiten/Urzeiten) so.

F Da (viel/fiel) der Wolf in den Brunnen.

G Die (Wende/Wände) des Hauses waren weiß gekalkt.

Zu 8 bis 9:

Oft kann man herausfinden, wie man das Wort richtig schreibt, indem man auf die **Bedeutung** des Wortes achtet.

9 Schreiben Sie die Sätze neu und ergänzen Sie sie jeweils durch das richtige Wort.

Gäste – Geste – Laib – Leib – Versen – Fersen – Tod – tot – Mythen – mühten – Feld – fällt

A ⎦ Er tat das Argument mit einer abfälligen (▢) ab.
B ⎦ Er ist Journalist mit (▢) und Seele.
C ⎦ Zum Empfang des Abgeordneten waren viele (▢) eingeladen.
D ⎦ Der (▢) ist des Schlafes Bruder.
E ⎦ Das Gedicht besteht aus 14 (▢).
F ⎦ Er trug nur einen (▢) Brot und etwas Wasser bei sich.
G ⎦ Der Mörder im Krimi war am Ende dann selbst (▢).
H ⎦ Seine Verfolger waren ihm dicht auf den (▢).
I ⎦ Um die Entstehung ranken sich viele (▢).
J ⎦ Das (▢) ihm nicht besonders schwer, obwohl es ein weites (▢) ist.
K ⎦ Es gelang ihnen nicht, sie (▢) sich vergebens.

10 Entscheiden Sie, ob Sie statt/Statt/Stätt(e)/stätt (für Stelle/Platz) oder Stadt/städt/Städt (für die Ortschaft) einsetzen müssen, und schreiben Sie die Sätze neu.

A ⎦ Unser neues ▢oberhaupt ist erst einmal in die Partner▢ gefahren und hat dieser einen Besuch abge▢et, an▢ seine Arbeit zuerst im Rathaus aufzunehmen.
B ⎦ Dieses Mal diskutierten die ▢räte den Haushaltsentwurf in der Gast▢e des Sportvereins.
C ⎦ Der Landkreis unterstützt die ▢ischen Kindertages▢en.

11 Vervollständigen Sie die Wörter in der rechten Spalte. Formulieren Sie den Satz in der linken Spalte so um, dass die Angaben in der rechten Spalte verwendet werden können.
Beispiel:

Sie waren gute Freunde. – eine lange Freun▢schaf▢ verbinden
→ *Eine lange Freundschaft verband sie.*

A ⎦ Schon immer füllt sie diese Aufgabe aus.   sei▢ eh' und je
B ⎦ Die Abschlussklasse besucht die   einen Besuch absta▢en
Partnerschule.
C ⎦ Die beiden Punkte sind weit voneinander   En▢fernung be▢rächt-
weg.   lich
D ⎦ Die neue Bibliothek gefällt mir.   to▢schick finden

Merkwörter:					
endlich	todschick	Stadt	Diplomand	Engagement	Chance
entbehrlich	riesig	anstatt (anstelle)	Dozent	Abonnement	

Test

Entscheiden Sie, welche der Schreibweisen nach der Ziffer 1, 2 und 3, 4 korrekt ist.

1	Das (1) Dokumend / (2) Dokument wurde (3) entlich / (4) endlich gefunden.
2	Sie lag mit ihrer Vermutung (1) richtig / (2) richtich, dass etwas nicht (3) korregt / (4) korrekt war.
3	Der letzte Absatz im Vertrag ist nur (1) unwesentlich / (2) unwesentlig (3) geendert / (4) geändert worden.
4	Der (1) Praktikant / (2) Praktikand war sehr fleißig und befolgte alle (3) Anortnungen / (4) Anordnungen.
5	(1) Seit / (2) Seid letzter Woche haben wir ein (3) Dutzend / (4) Dutzent neue Auszubildende.
6	Wenn ihr bereit (1) seid / (2) seit, können wir mit dem (3) Projekt / (4) Projegt morgen beginnen.
7	Er war nicht (1) todkrank / (2) totkrank, er hatte nur die Grippe und (3) fällte / (4) fehlte deshalb fünf Tage.
8	Wir können die (1) Kritik / (2) Kritick an unserem Produkt nicht (3) totschweigen / (4) todschweigen.
9	Sie erhielten unser (1) Angebot / (2) Angebod in einer (3) angemessenen / (4) angemässenen Frist.
10	Die Lieferung kam (1) fiel / (2) viel zu spät an und der (3) Lieferand / (4) Lieferant verhielt sich unserm Personal gegenüber nicht sehr höflich.
11	(1) Zusetzlich / (2) Zusätzlich haben wir unserer Auslandsniederlassung einen Besuch (3) abgestadtet / (4) abgestattet.
12	Im (1) Werkstadtunterricht / (2) Werkstattunterricht wurde der (3) Ratschlag / (4) Radschlag des Meisters immer befolgt.
13	(1) Anstatt / (2) Anstadt uns zu benachrichtigen, haben Sie einfach (3) gehantelt / (4) gehandelt.
14	Die (1) Stattverwaltung / (2) Stadtverwaltung strebt eine völlige (3) Umstruckturierung / (4) Umstrukturierung an.
15	Beim (1) Anrihren / (2) Anrühren der Paste strömte uns ein (3) endsetzlicher / (4) entsetzlicher Duft entgegen.
16	Die (1) Reperatur / (2) Reparatur war (3) einwandfrei / (4) einwantfrei.
17	Um Schäden zu vermeiden, wird dieser (1) Apperat / (2) Apparat (3) seperat / (4) separat verpackt.
18	Bei diesen (1) Temperaturen / (2) Temparaturen muss (3) intensiv / (4) indensiv gelüftet werden.
19	Das ist ein (1) bundes / (2) buntes Gemisch von Nutzpflanzen, die auf dieser (3) Fläche / (4) Fleche nebeneinander angebaut werden.
20	In der (1) häutigen / (2) heutigen Zeit ist das kein (3) Broplem / (4) Problem mehr.

🌐 **Lösungen**
w7c5va

Zeichensetzung

> Mit den Satzzeichen trennt man Sinneinheiten und erleichtert dadurch das Lesen. Man muss sich nur 7 Regeln merken.

> Warum ist die Zeichensetzung eigentlich so wichtig?

Regel 1:
Hauptsätze werden durch Satzzeichen (Punkt, Komma bzw. Semikolon, Frage- oder Ausrufezeichen) getrennt.

○ **1** **a) Bilden Sie Sätze. Schreiben Sie die Sätze hintereinander und setzen Sie Punkte.**

Beispiel: *Das Angebot liegt vor.*

Subjekt	Verbform (→ Prädikat)
~~Das Angebot~~	~~vorliegen~~
Die Teammitglieder	entscheiden
Ein Mitarbeiter	telefonieren

b) Schreiben Sie die grammatikalisch unvollständigen Sätze in grammatikalisch vollständige um.

Dank für Ihr Interesse. In der Anlage unser neuester Katalog. Wir gewähren 10 % Mengenrabatt bei Bestellung von mindestens 100 Stück. Preise inklusive Versand. Wir bitten um Zahlung durch Banküberweisung. Lieferung sofort nach Auftragseingang? Freibleibendes Angebot.

○ **2** **Schreiben Sie die Sätze auf. Setzen Sie nach jedem Hauptsatz einen Punkt. Beachten Sie die Rechtschreibung am Satzanfang.**

A Ich möchte Medienwissenschaften studieren das erfordert einen bestimmten Notenschnitt diesen habe ich leider knapp verfehlt

B Die Chancen sind aber nicht schlecht es kommt auf die Anzahl der Bewerber an

C Ich möchte nach Berlin gehen in den letzten Tagen habe ich mich im Internet informiert es gibt noch andere interessante Studienorte

---

Zu 1 bis 2:

Grammatikalisch vollständige Sätze bestehen aus **Subjekt** (Frage: wer oder was?) und **Prädikat** (Verbform).

Beispiel:
Der Zug (Subjekt, Frage: wer?) *kommt* (Prädikat, Verbform).

Ausnahme:
Befehlssätze brauchen kein Subjekt.

Beispiel:

Einsteigen!

Hauptsätze können **allein stehen**.

Zu 1 bis 7:

Sind die Hauptsätze

– **Aussagesätze**, werden sie durch **Punkt** oder **Komma** bzw. etwas stärker trennendes **Semikolon** abgetrennt,
– sind sie **Fragesätze**, werden sie durch **Fragezeichen**,
– sind sie **Ausrufe- und Befehlssätze**, werden sie durch **Ausrufezeichen** abgetrennt.

Z

○ **3** Notieren Sie die Sätze und trennen Sie sie durch ein Komma voneinander ab. Achten Sie auf korrekte Rechtschreibung nach dem Komma.

A ⌐ Heute gehen wir nicht auf die Baustelle. Es ist einfach zu kalt.
B ⌐ Das Fundament können wir nicht graben. Der Boden ist tief gefroren.
C ⌐ Den Zeitverlust holen wir auf. Da bin ich ziemlich sicher.
D ⌐ Es fehlt ohnehin an Material. Das wird erst nächste Woche geliefert.

Zu 3:

Inhaltlich **eng verknüpfte Aussagesätze** kann man durch **Komma statt Punkt** trennen.

Beispiel:
Heute lief es richtig gut, ich bin sehr zufrieden.

○ **4** Notieren Sie den Satz mit dem richtigen Satzzeichen am Ende.

A ⌐ Hast du die Fahrkarte schon gekauft
B ⌐ Der günstigere Preis gilt erst ab morgen
C ⌐ Dann solltest du für mich bitte auch eine Karte kaufen
D ⌐ Ich gebe dir meine Kreditkarte
E ⌐ Kann ich für dich damit überhaupt bezahlen
F ⌐ Ohne PIN geht das auf gar keinen Fall

Zu 4:

Wenn keine Aufforderung mit **wirklichem Nachdruck** vorliegt, setzt man einen Punkt, denn das **Ausrufezeichen** kann auch als Anbrüllen oder Drohung verstanden werden.

Beispiele:
– Lass das gefälligst!
– Du solltest das einfach lassen.

○ **5** Schreiben Sie den folgenden Textauszug aus einer Anfrage mit den richtigen Satzzeichen. Achten Sie auf die Großschreibung der Satzanfänge.

Bitte um Zusendung eines Angebots

Sehr geehrte Damen und Herren

wir sind eine private Schule für Technik und Kommunikation unsere Arbeitsmittel müssen regelmäßig dem aktuellen Stand der Technik angepasst werden im Rahmen einer solchen Aktualisierung sind wir auf Ihr neu konzipiertes Tablet C400u aufmerksam geworden dieses Gerät wurde laut Firmenprospekt insbesondere für die Verwendung im Unterricht konzipiert

Bitte teilen Sie uns die Liefer- und Installationskosten für 200 Geräte mit wie viel Mengenrabatt gewähren Sie bei sofortiger Bezahlung

Für Rückfragen stehen wir Ihnen gerne zur Verfügung kontaktieren Sie unser Sekretariat (0341 635-12) Sie werden dann weiterverbunden

Wir freuen uns auf Ihr Angebot bis zum 15. Mai 20XX

Mit freundlichen Grüßen

A. Neeskens
(Abteilungsleiterin)

Zu 5:

Kein Punkt steht nach Überschriften, dem Betreff und Grußformeln in Briefen sowie in frei stehenden Zeilen (z. B. Bezeichnungen von Verträgen oder Veranstaltungen), da die Gliederung schon äußerlich sichtbar ist. Nach Anreden in Briefen steht ein **Komma**.

Beispiel:
Unser Treffen
Sehr geehrte Frau Kuhn,
ich freue mich auf unser Treffen.

Mit besten Grüßen
Jennifer Arnold

6 Notieren Sie die Sätze und setzen Sie dort Kommas, wo sie der besseren Übersichtlichkeit wegen nützlich sind.

A Das Praktikum hat mir gut gefallen und ich werde mich weiter auf dem Laufenden halten.

B Vielleicht werde ich mich bei der Firma bewerben oder ich werde sie zumindest in die engere Auswahl nehmen.

C Viele meiner Mitschüler gehen nach der Schule gleich ins Ausland zum Arbeiten oder sie wollen erst einmal etwas von der Welt sehen.

D Meine Planung ist anders und ich habe mir Folgendes überlegt oder ich habe es mir zumindest vorgenommen.

E Ich will auf keinen Fall viel Zeit verlieren und deshalb stelle ich mir einen möglichst raschen Berufsabschluss vor.

F Danach will ich aber auch noch etwas von der Welt sehen und natürlich möchte ich dabei viele neue Eindrücke und Erfahrungen sammeln.

G Deshalb werde ich eine Ausbildung machen und dann gehe ich für einige Zeit ins europäische Ausland oder vielleicht gehe ich auch gleich nach Übersee und dort beginne ich dann ein völlig neues Leben und in 30 Jahren kehre ich dann als Tourist in die Heimat zurück oder ich arbeite noch einige Zeit für meine Firma in Deutschland und danach setze ich mich hierzulande zur Ruhe.

Zu 6:

Sätze, die mit „und" bzw. „oder" verbunden sind, benötigen **kein Komma**.

Beispiel:

Es ist unangenehm und es brennt.

Um einen Satz übersichtlicher zu machen, **kann** in **langen Hauptsätzen**, die mit „und" bzw. „oder" verbunden sind, auch ein **Komma** gesetzt werden.

Beispiel:

Zuerst sticht es leicht oder es brennt, und dann wird die Haut richtig warm.

7 Notieren Sie die Sätze und fügen Sie Satzzeichen entsprechend der Stimmung ein, die Sie ausdrücken wollen:
warnend – begeistert – empört (= !),
gelangweilt – stockend – eintönig (= .),
eilig – gehetzt (= ,),
zweifelnd – unsicher – fragend (= ?).
Ändern Sie gegebenenfalls die Schreibung am Satzanfang.

A Freizeit kann man auch sehr eigenartig verbringen manche Menschen laufen ziellos durch die Gegend andere schwimmen 50 Bahnen hintereinander wieder andere hängen die ganze Zeit nur herum manche schauen täglich mehrere Soaps im Fernsehen an andere sitzen stundenlang vor dem PC nicht wenige schlafen nur

B Wir flüchteten vor dem Gewitter quer über die Wiese es donnerte blitzte hagelte gleichzeitig wir schnappten nach Luft stürzten sprangen auf schließlich erreichten wir die Scheune

C Lehne dich nicht so weit nach vorne ich warne dich das kann lebensgefährlich sein

D Ob diese Maße wirklich stimmen sollte ich nicht noch einmal alles nachmessen

E Das war das beste Endspiel seit Jahrzehnten so etwas sieht man wirklich nur einmal im Leben

F Das ist doch wohl das Allerletzte damit will ich nichts mehr zu tun haben

Zu 7:

Mit Satzzeichen kann man inhaltliche Aussagen auch unterschiedlich ausdrücken oder einfärben.

Z

Regel 2:
Nebensätze werden durch Komma abgetrennt.

○ **1** a) Entscheiden Sie, welche Sätze nicht alleine stehen können.

A Wir brauchten dringend Benzin.

B Bevor wir starteten.

C Obwohl wir Winterreifen hatten.

D Als die Klimaanlage korrekt arbeitete.

E Dann fuhr ich in die Garage.

F Dass wir endlich losfahren sollten.

b) Ordnen Sie den Nebensätzen in Aufgabe a) eine der folgenden Hauptaussagen zu.

1 Wir waren uns einig.

2 Wir mussten die Scheiben gründlich enteisen.

3 Alle waren sehr erleichtert.

4 Das Auto kam wiederholt ins Schleudern.

○ **2** Schreiben Sie die Sätze neu und trennen Sie den Nebensatz durch Komma ab. Unterstreichen Sie die Konjunktionen.

A Für unsere Besprechung legten wir einen großen Zeitrahmen fest damit wir für die Diskussion aller Punkte ausreichend Zeit hatten.

B Paul blieb länger vor Ort falls noch weiterer Klärungsbedarf bestand.

C Ich war kaum bei unserem nächsten Geschäftspartner angekommen als mein Smartphone klingelte.

D Ich musste nun doch noch einige Details klären wobei schon der nächste für uns sehr wichtige Termin auf mich wartete.

E Ich war so unter Druck dass ich auf die SMS nur sehr lückenhaft antworten konnte.

F Obwohl ich normalerweise solche Nachfragen sehr ernst nehme musste ich mich dieses Mal sehr kurz fassen.

G Weil ich mich vertippte verlor ich noch mehr Zeit.

H Wenn es möglich gewesen wäre hätte ich eine ausführliche E-Mail hinterhergeschickt.

○ **3** Notieren Sie zuerst den Nebensatz und trennen Sie ihn durch ein Komma vom folgenden Hauptsatz ab. Achten Sie dabei auf korrekten Satzbau und die Rechtschreibung.

A Ich hätte gerne gewusst wie man die Kundendatei anlegt.

B Mir ist schon gesagt worden mit welchem Programm man das macht.

C Mich würde interessieren wie viele Kundendaten ich bis morgen eingegeben haben sollte.

Zu 1:

Nebensätze können **nicht allein stehen**.

Beispiel:

Weil er zu spät kam.

Die Hauptaussage fehlt. Diese könnte beispielsweise lauten:

(Weil er zu spät kam,)

– *verpasste er die Einführung,*
– *berechnete der Fahrer auch die Wartezeit,*
– *war der Meister wütend.*

Das **flektierte (gebeugte) Verb** steht am **Schluss** des Satzes.

Beispiel:

*Wir haben doch die richtige Entscheidung getroffen, weil er sich **freute**/nur freuen **konnte**.*

Zu 2 bis 13:

Ein Nebensatz wird eingeleitet durch

– eine **Konjunktion** (Bindewort)

Beispiele:

als, bevor, bis, da, damit, dass, ehe, falls, indem, ob, obgleich, obwohl, sobald, während, weil, wenn, wie, wobei

– oder ein **Relativpronomen**

Beispiele:

der, die, das, was, welcher, welche, welches

– oder ein **Fragepronomen**.

Beispiele:

wann, warum, was, welcher, welche, welches, wer, weshalb, wie, wo, wohin

4 **Formen Sie die unterstrichenen Satzglieder zu einem Nebensatz um und notieren Sie mit korrekter Kommasetzung.**

Beispiel:

Der Arzt verordnete ihm ein Antibiotikum <u>zur Besserung seines Zustandes</u>. → *Der Arzt verordnete ihm ein Antibiotikum,* ***damit sein Zustand sich verbesserte****.*

A <u>Bei freien Straßen</u> können wir schnell fahren.

B Der Rohbau stand <u>zu Beginn des Winters</u>.

C Er war <u>über ihre Absichten</u> informiert.

5 **Schreiben Sie diese Sätze ab und trennen Sie den Relativsatz durch Komma vom Hauptsatz ab. Unterstreichen Sie das Substantiv, auf das das Relativpronomen sich bezieht.**

A Die Vereinbarkeit von Familie und Beruf ist ein Problem das viele junge Paare mit Kindern betrifft.

B Allzu oft gibt es noch Arbeitszeiten die jungen Familien das Zusammenleben erschweren.

C Viele sind auf den Service öffentlicher Einrichtungen angewiesen der allerdings oft begrenzt ist.

D Sie wünschen sich mehr Flexibilität die das Leben insgesamt erleichtern würde.

6 **Schreiben Sie diese Sätze ab. Unterstreichen Sie den Relativsatz und trennen Sie ihn durch Kommas ab.**

A Die Anforderungen an junge Arbeitskräfte die in den Beruf einsteigen werden sicherlich nicht geringer.

B Von dem Arbeitszeitrhythmus den viele bisher gewohnt waren muss man sich verabschieden.

C Gleitzeit und Überstunden bis in den Abend hinein die bisher eher die Ausnahme waren nehmen zu.

D Je nach Sparte in der man sich beruflich betätigt wird auch die Arbeit von zu Hause aus an Bedeutung gewinnen.

Zu 6:

Wird ein Relativsatz in einen anderen Satz **eingeschoben**, muss er durch **Kommas** am Anfang und Ende abgetrennt werden.

Beispiel:

Wir stellten den Pokal, den wir gewonnen hatten, in der Kantine aus.

7 **Formulieren Sie jeweils den zweiten Hauptsatz zu einem Relativsatz um und trennen Sie ihn durch Komma ab.**

Beispiel: Wir gingen in die Halle. – In dieser arbeiteten wir schon vor vier Wochen. → *Wir gingen in die Halle, in der wir schon vor vier Wochen arbeiteten.*

A Die Pflanzen hatten sehr unter der großen Hitze gelitten. – Sie herrschte in den letzten Tagen.

B Wir gossen zuerst die großen Pflanzen. – Sie ließen schon die Blätter hängen.

C Später beseitigten wir das dürre Blattwerk. – Es war überall zu finden.

Z

8 **Schreiben Sie die Sätze so, dass der Relativsatz auf das Bezugswort folgt. Setzen Sie die Kommas.**

A | Ein Webmaster könnte uns in dieser Situation gut weiterhelfen, der auch belastbar ist.

B | Das Netzwerk dürfte für uns optimale Ergebnisse bringen, das jeden Arbeitsplatz integriert.

C | Natürlich leistet die Software einen wesentlichen Beitrag zu unserem Betriebsergebnis, mit der man eigenständig planen kann.

D | Insgesamt ist das IT-Konzept optimal, das den vielfältigen Anforderungen unseres Gesamtbetriebs gerecht wird.

Zu 8:

Das **Relativpronomen** sollte möglichst nah bei dem Wort stehen, auf das es sich **bezieht**.

Beispiel:

Die Apfelsorte ist bei der Kundschaft besonders beliebt, die etwas säuerlich schmeckt.
→ Die Apfelsorte, die etwas säuerlich schmeckt, ist bei der Kundschaft besonders beliebt.

9 **Schreiben Sie die Sätze ab und setzen Sie die Kommas.**

A | Ich hoffe dass meine Bewerbung erfolgreich ist und freue mich auf die Ausbildung.

B | Ich habe lange darüber nachgedacht ob ich überhaupt eine Ausbildung beginnen sollte und dann habe ich mich doch dazu entschlossen.

C | Ein Freund der bereits das erste Lehrjahr hinter sich hat und meine Eltern haben mich schließlich überzeugt.

D | Anfangs dachte ich noch dass ich erst einmal ein Praktikum machen könnte oder ich stellte mir vor wie ich für ein Jahr um die Welt reisen würde.

E | Doch dann war mir bald klar dass ich nur Zeit vergeuden würde und ich traf eine Entscheidung mit der ich jetzt sehr zufrieden bin.

Zu 9 und 10:

Eingeschobene Nebensätze werden von Kommas eingeschlossen, auch wenn danach ein „und" oder ein „oder" folgt.

Beispiel:

*Ich las alles noch einmal gründlich durch, **weil ich keine Fehler machen wollte, und** schickte die Mappe dann ab.*

10 **Notieren Sie die folgenden Sätze aus einem Bewerbungsanschreiben mit korrekter Kommasetzung.**

A | Ihre Anschrift erhielt ich von Ihrem ehemaligen Prokuristen der mich darauf hinwies dass bei Ihnen die Stelle eines Medienberaters frei geworden ist.

B | Da ich meine Schwerpunkte in meiner bisherigen Ausbildung auf die Öffentlichkeitsarbeit gelegt habe bin ich an dieser Stelle sehr interessiert.

C | Im Jahre 2009 legte ich die Abschlussprüfung im Fach Medienkommunikation ab und bewarb mich danach wie Sie meinen Unterlagen entnehmen können erfolgreich um eine Anstellung als Pressereferent.

D | Seither habe ich meine Kompetenzen durch mehrere Zusatzqualifikationen deren Nachweise ich beilege ausgebaut und praktisch erprobt.

E | Ich schicke Ihnen gerne weitere Referenzen falls Sie das wünschen.

F | Ich freue mich sehr wenn Sie meine Bewerbung positiv aufnehmen und bin gespannt auf Ihre Antwort.

Z

11 **Schreiben Sie die Sätze. Markieren Sie die Nebensätze und trennen Sie sie durch Kommas ab.**

A Du weißt dass ich nächste Woche zu einem Bewerbungsgespräch geladen bin und vielleicht können wir uns danach treffen.

B Ich habe mich intensiv darauf vorbereitet und gehe davon aus dass es gut und sogar erfolgreich laufen kann.

C Ich verlasse mich darauf dass du mir bei der Vorbereitung hilfst oder zumindest erwarte ich von dir als Freund dass du zum Vorstellungs-termin rechtzeitig da sein und mich unterstützen wirst.

D Wie das dann auch ausgehen mag ich habe noch nicht endgültig ent-schieden ob ich weiter zur Schule gehen oder eine Ausbildung begin-nen will.

E Ich denke wenn ich erst einmal den Termin morgen hinter mir habe werde ich klüger sein und dann sehen wir weiter.

12 **Schreiben Sie die Sätze ab und trennen Sie sie durch Kommas.**

A Als Sherlock Holmes den Verbrecher entlarvt hatte war er sehr zu-frieden mit sich auch wenn Dr. Watson noch nicht an die Lösung des Falles glaubte.

B Viele große Detektive sind etwas eingebildet weil sie glauben sie seien genial gewesen obwohl ihnen manchmal nur der Zufall geholfen hat.

C Arthur Conan Doyle der die Sherlock-Holmes-Romane schrieb spielte ganz bewusst mit dieser Eitelkeit als er seine Hauptfigur erfand denn er wollte einen besonderen Detektiv entwickeln.

13 **Notieren Sie die Sätze in indirekter Rede (Konjunktiv I) nach dem vorgegebenen Muster (die Kommas fehlen). Setzen Sie die Kommas.**
Beispiel:

Frau A meinte: „Wer das Leben kennt wird mir zustimmen dass ein Smartphone absolut notwendig ist."

*Frau A meinte, wer das Leben **kenne, werde ihr** zustimmen, dass ein Smartphone absolut notwendig **sei**.*

Zu 13:

Begleitsatz (= Hauptsatz im Indikativ, z. B. *Frau A meinte*) und **indirekte Rede** (Haupt- oder Nebensatz im Konjunktiv) werden durch **Komma** getrennt.

A Herr B betonte: „Es gibt sicherlich verschiedene Gründe dafür. Ein maßgebliches Argument ist dass man jederzeit erreichbar und gleich-zeitig durch die Computerkompatibilität multifunktional unterwegs ist."

B Herr C stellte fest: „Ein Beispiel das sich anbietet ist der Online-Zugang per Flatrate. Ich halte es aber nicht für sinnvoll dass man jederzeit für alle Welt zur Verfügung steht."

C Frau D erwiderte: „Herrn Cs erste Aussage spricht für sich. Ich glau-be ganz fest daran dass auch in Zukunft Smartphones im modernen Leben unentbehrlich sind."

D Herr E fasste schließlich zusammen: „Smartphones sind insgesamt zur Information und zum Austausch nützlich weil man in Verbindung bleibt."

Regel 3:
Infinitiv- und Partizipgruppen werden durch Komma abgetrennt.

○ **1** **Bestimmen Sie, welche Unterstreichung die Infinitivgruppe korrekt anzeigt. Das Komma ist jeweils nicht gesetzt.**

A
1) Es ist <u>in jeder denkbaren Situation wichtig die Ruhe zu bewahren</u>.
2) Es ist in jeder denkbaren Situation <u>wichtig die Ruhe zu bewahren</u>.
3) Es ist in jeder denkbaren Situation wichtig die Ruhe <u>zu bewahren</u>.
4) Es ist in jeder denkbaren Situation wichtig <u>die Ruhe zu bewahren</u>.

B
1) Es ist dringend erforderlich das Fieber <u>jede Stunde zu messen</u>.
2) Es ist dringend erforderlich <u>das Fieber jede Stunde zu messen</u>.
3) Es ist dringend <u>erforderlich das Fieber jede Stunde zu messen</u>.
4) Es ist dringend erforderlich das Fieber jede Stunde <u>zu messen</u>.

○ **2** **Notieren Sie nur die Infinitivgruppe.**

A Ich empfehle Ihnen zu joggen.
B Sie sollten sich jeden Tag vornehmen eine Stunde zu laufen.
C Für den Anfang reicht es mir so zu verfahren.
D Ich kann mir aber vorstellen länger durch den Wald zu rennen.

○ **3** **Schreiben Sie die Sätze und trennen Sie die Infinitivgruppe durch Komma ab. Bilden Sie in 2 den Infinitiv mit dem ersten Verb in 1.**

A
1) Sie gab zu sich verspätet zu haben.
2) Es war nicht einfach für sie das …

B
1) Er hört genau zu um ja nichts zu verpassen.
2) In anderen Situationen tut er sich meist schwer genau …

C
1) Ich sage zu diese Aufgabe zu übernehmen.
2) Ich habe keine Bedenken in diesem Fall …

◑ **4** **Formulieren Sie den zweiten Hauptsatz zu einer Infinitivgruppe mit „um zu", „ohne zu" oder „als zu" um und trennen Sie sie beim Aufschreiben durch Komma ab.**
Beispiel: Sie sollen die Anlage dämmen. Aber die Optik sollen sie nicht beeinträchtigen. → *Sie sollen die Anlage dämmen,* **ohne** *aber die Optik* **zu beeinträchtigen***.*

A Sie bauen Dämmstoffe in Wände und Dächer ein. Heizenergie soll gespart werden.
B Sie lassen die Wasserleitung lieber isolieren. Sie erleiden im Winter einen Schaden durch Einfrieren.
C Kühlanlagen werden gedämmt. Der Energieverlust soll gemindert werden.
D Maschinen werden ummantelt. Der Schall soll gedämpft werden.

Zu 1 bis 2
Die **Infinitivgruppe** finden Sie, indem Sie das Verb mit „zu" und die Ergänzung dazu suchen.
Beispiel:
– *Wir hoffen,* **mühelos zu siegen***.*

Bei der Verbindung „zu" + Verb kann das Komma entfallen (siehe auch Hinweis 7).
Beispiel:
– *Wir hoffen(,)* **zu siegen***.*

Zu 3:
Ausnahme
Manche Verben sind bereits mit „zu" gebildet.
Beispiele:
zuschrauben, zumachen (= schließen)
Der Infinitiv des Verbs lautet dann „zuzuschrauben".

Zu 4 bis 6:
Ein **Komma muss gesetzt werden**, wenn die Infinitivgruppe

– mit „als", „anstatt", „außer, „ohne", statt", „um" **eingeleitet** wird
Beispiel:
Anstatt im Servicebereich tätig zu sein, nutzt sie jede Gelegenheit, um in der Werkstatt zu arbeiten.

– oder von einem **Substantiv** (Hauptwort) **abhängt**
Beispiel:
Wenn sie der **Ehrgeiz** *packt, das Gerät an jenem Tag fertig zu machen, vergisst sie die Zeit.*

– oder von einem **hinweisenden Wort** (daran, darauf, darum, es, dies, das) angekündigt oder wieder aufgenommen wird.
Beispiel:
Sie achtet sehr **darauf***, keine Fehler zu machen.*

○ **5**   **a) Notieren Sie das Substantiv, von dem die Infinitivgruppe abhängt. Die Kommas sind nicht eingesetzt.**

A ⌐ Die letzte Umstellung des Zahlungsverkehrs schuf die Möglichkeit europaweit problemlos Überweisungen zu tätigen.

B ⌐ Dahinter steckt der Gedanke Zahlungen noch reibungsloser und vor allem zielgerichteter zu ermöglichen.

C ⌐ Die Finanzbranche war in der Lage kundenverträgliche Lösungen anzubieten und ausreichend zu testen.

D ⌐ Mittlerweile ist es zur finanzwirtschaftlichen Gewohnheit geworden mit BIC und IBAN tagtäglich umzugehen.

b) Schreiben Sie die Sätze auf und trennen Sie die Infinitivgruppe durch Komma ab. Unterstreichen Sie das Substantiv, von dem die Infinitivgruppe abhängt.

A ⌐ Gute Betreuung hat das Ziel die Selbstständigkeit der Menschen möglichst lange zu bewahren.

B ⌐ Die Betreuten haben in der Regel den Wunsch in ihren alltäglichen Verrichtungen Unterstützung zu bekommen.

C ⌐ Sie haben meistens den festen Willen so lange wie möglich ihre Eigenständigkeit aufrechtzuerhalten.

D ⌐ Deshalb ist es für das Betreuungspersonal eine absolute Notwendigkeit die Bedürfnisse ihrer Patienten genau zu beachten.

○ **6**   **Schreiben Sie die Sätze auf und trennen Sie die Infinitivgruppe durch Komma ab. Unterstreichen Sie das hinweisende Wort.**

A ⌐ Sie dachte daran eine neue Methode auszuprobieren.

B ⌐ Aber darauf wäre sie nicht gekommen einfach die Seiten umzudrehen.

C ⌐ Es ging ihr nur darum Material einzusparen.

D ⌐ Diesen Effekt schon beim ersten Versuch erreicht zu haben das überraschte sie.

E ⌐ In dieser Gruppe weiterarbeiten zu dürfen dies wäre schon eine tolle Sache für sie.

F ⌐ Alle begrüßten es ihr diese Chance zu geben.

G ⌐ Sie sind dafür verantwortlich sich bei der Ausarbeitung von Angeboten nicht zu verrechnen.

○ **7**   **Notieren Sie die Sätze und unterstreichen Sie die Infinitivgruppe. Prüfen Sie, ob der Sinn des Satzes klar ist. Setzen Sie gegebenenfalls ein Komma.**

A ⌐ Ich habe versucht mich auf die Prüfung vorzubereiten.

B ⌐ Deshalb begann ich frühzeitig zu lernen.

C ⌐ Leider hat einer meiner besten Freunde sich geweigert mir zu helfen.

D ⌐ So war ich gezwungen mich auf mich selbst zu verlassen.

E ⌐ Es war nicht gerade einfach alleine zurechtzukommen.

F ⌐ Nach der Erfahrung empfehle ich ihm nicht mehr zu glauben.

Zu 7:

Bei allen anderen **Infinitivgruppen** kann das **Komma entfallen**, wenn der Sinn des Satzes klar ist.
Ist der Sinn nicht klar, kann man ein **Komma setzen**, um die Gliederung des Satzes zu verdeutlichen.

Beispiel:
Ich rate [,] ihm [,] nachzugeben.

8 **Notieren Sie nur die Partizipien.**

A ⌐ Die Büroräume sind großzügig gestaltet und wirken von der Atmosphäre her überzeugend.

B ⌐ Die Konferenzräume sind abgetrennt und sehr funktional eingerichtet.

C ⌐ Ihrem Zweck entsprechend ist die Einrichtung.

D ⌐ Auf die jeweiligen Bedürfnisse gut abgestimmt ist die gesamte Ausstattung.

E ⌐ Gleichzeitig wirkt die warme Farbgestaltung beruhigend.

F ⌐ Auch macht die Weite des Raumes einen einladenden Eindruck.

G ⌐ Der Teppichboden wurde frisch verlegt und wirkt vom Design her mehr als gelungen.

Zu 8:

So erkennen Sie die zwei Partizipien:

– **Partizip I**
Beispiel:
laufen (Infinitiv) → *laufend*

– **Partizip II**
Beispiele:
– laufen, lief, gelaufen (3. Stammform des Verbs) → *gelaufen*
– machen, machte, gemacht → *gemacht*

9 **Notieren Sie die Sätze mit richtiger Kommasetzung. Unterstreichen Sie die Partizipgruppe.**

A ⌐ Ausgerechnet diesen Mitarbeitern zwei schon mit anderen Arbeiten übermäßig belasteten wurde diese schwierige Aufgabe übertragen.

B ⌐ Dieses menschliche Klima in den letzten beiden Jahren schmerzlich vermisst war nun wieder vorhanden.

C ⌐ In diesem Jahr aber konnten sie ihr Planziel nur leicht abweichend von den Vorgaben relativ mühelos erreichen.

D ⌐ Wir werden unsere Strategie dem Ratschlag der Expertengruppe folgend ab sofort ändern.

E ⌐ Jeden Posten bis ins letzte Detail durchkalkuliert so präsentierte er das Projekt.

Zu 9 bis 10:

Partizipgruppen müssen **mit Komma** abgetrennt werden, wenn sie

– mit einem **hinweisenden Wort oder einer Wortgruppe** angekündigt oder wiederaufgenommen werden
Beispiel:
Die ganze Kleidung mit Öl beschmiert, **so kam er nach Hause.**

– oder als **Zusatz zu einem Substantiv oder Pronomen** (Fürwort) anzusehen sind.
Beispiel:
Sie kritisieren nicht meine Arbeit, sondern mein **Arbeitstempo, genau genommen.**

10 **Schreiben Sie die Partizipgruppen auf. Die Kommas sind nicht gesetzt.**

A ⌐ Unser Betrieb gegründet vor über 100 Jahren zählt zu den traditionsreichsten der Branche überhaupt.

B ⌐ Wir haben ein weltweites Versorgungssystem aufgebaut basierend auf enger Kooperation mit führenden Logistikunternehmen.

C ⌐ Wir kommen auf ein weitaus besseres Betriebsergebnis als die Konkurrenz über die letzten drei Jahre betrachtet.

11 **Notieren Sie die Sätze und unterstreichen Sie die Partizipien. Setzen Sie dort Kommas, wo sie Ihnen für eine bessere Gliederung des Satzes gerechtfertigt erscheinen.**

A ⌐ Sie erhalten wie von Ihnen gewünscht zwei Kopien.

B ⌐ Wir bitten Sie wie im Vertrag vereinbart um eine Anzahlung.

C ⌐ Grob gerechnet beläuft sich die Gesamtsumme auf 3000 Euro.

D ⌐ Fasziniert von dem günstigen Preis bestellten wir 200 Exemplare.

E ⌐ Mal abgesehen von den Frachtkosten ist das alles sehr preiswert.

F ⌐ Sie können die Mail einmal abgeschickt nicht mehr zurückholen.

G ⌐ Sie kaufen die Wohnung wie gesehen und können nach Vertragsabschluss keine Forderungen mehr geltend machen.

Zu 11:

Partizipgruppen kann man durch **Komma** abtrennen, um die **Gliederung eines Satzes** deutlicher zu machen.
Beispiel:
Wir werden, grob kalkuliert, mit dem Geld gut auskommen.

Regel 4:
Aufzählungen und Nachträge (Zusätze) trennt man durch
Komma ab.

1 **Notieren Sie die Sätze und trennen Sie die Aufzählungen durch Kommas ab.**

A ⌐ Wir bieten Präzisionsbohrer für Holz Beton Stahl Kunststoff an.

B ⌐ Sie sind geeignet für Industrieanwendungen Bauprojekte Dämmarbeiten Fassadentechnik.

C ⌐ Umweltschutz Nachhaltigkeit sind für uns zentrale Anliegen die Wahrnehmung ökologischer sozialer wirtschaftlicher Verantwortung sehen wir darüber hinaus als weitere wesentliche Ziele an.

2 **Schreiben Sie die Sätze auf und setzen Sie Kommas.**

A ⌐ Diese Waschmaschine bietet 16 verschiedene Waschprogramme einfache Handhabung niedrigen Energie- und Wasserverbrauch.

B ⌐ Sie gehört zu den leisesten Waschmaschinen hat eine gute Wasch- und Schleuderleistung besitzt ein großes Trommelvolumen.

C ⌐ Eine sehr hohe Auswahl an verschiedenen Reinigungsprogrammen bestätigt den positiven Eindruck: Überzeugen Sie sich selbst testen Sie eine Woche kostenlos und unverbindlich!

D ⌐ Wir liefern das Gerät ins Haus zudem stellen wir es auf setzen es sogar für Sie in Betrieb.

3 **Schreiben Sie die Sätze, in denen Kommas gesetzt werden müssen.**

A ⌐ Pflegebedürftige sind auf direkten sehr persönlichen Kontakt angewiesen und verlassen sich auf Sie.

B ⌐ Krankenhäuser Alten- und Pflegeheime suchen intensiv nach kompetentem Pflegepersonal und darüber hinaus hoffen weitere interessante Arbeitgeber auf gute Bewerberinnen und Bewerber.

C ⌐ Sie arbeiten sowohl im Team als auch selbstständig und lassen sich auch von schwierigen Situationen nicht abschrecken.

D ⌐ Sie kommen mit ganz interessanten wie auch möglicherweise schwierigen Lebenssituationen in Berührung und sollten ein ausreichendes Maß an Flexibilität und Geduld mitbringen.

E ⌐ In diesem Beruf gibt es vielfältige Weiterbildungsmöglichkeiten und Aufstiegschancen sowohl im Pflegemanagement der Pflegewissenschaft als auch der Pflegeforschung.

F ⌐ Ein Studium in der Pflege ist dual in Vollzeit sowie berufsbegleitend möglich.

G ⌐ Diese optimalen Anpassungsmöglichkeiten an Ihre Lebensumstände sind weder im sonstigen Dienstleistungsbereich noch in der freien Wirtschaft so vielfältig vorhanden.

Zu 1 bis 2:
Aufzählungen können aus

– **einzelnen Wörtern,**
– **Teilen eines Satzes** sowie
– **ganzen Sätzen** bestehen.

Beispiele:
– *Sie verkaufen Brot, Kuchen, Brötchen.*
– *Der Bote stieg aus, klingelte an der Tür, wartete geduldig.*

– *Die einen schneiden zu, die anderen heften zusammen, wieder andere nähen.*

Zu 3:

Kein Komma wird gesetzt, wenn die Aufzählungen durch „und", „oder", „(so)wie", „sowohl … als/wie auch", „weder … noch", „beziehungsweise (bzw.)" verbunden werden.

Bestimmt ein Adjektiv das folgende, wird **kein Komma** gesetzt.

Beispiel:
Die letzten aktuellen Nachrichten senden wir um 1 Uhr.

4 **Notieren Sie die Sätze und setzen Sie Kommas, wo sie benötigt werden.**

A ⌐ Biologielaborantinnen und -laboranten beobachten kontrollieren und werten Versuchsabläufe aus die sehr vielfältig sein können oder untersuchen Tiere Pflanzen und Mikroorganismen.

B ⌐ Sie sind entweder in medizinischen Forschungslaboren die Teil des öffentlichen Gesundheitswesens sind oder in der Privatwirtschaft tätig.

C ⌐ Physiklaborantinnen und -laboranten sind weder für Forschungslabors die global agieren wollen noch für den technischen Handel entbehrlich.

5 **Notieren Sie die Sätze und fügen Sie die Kommas ein.**

A ⌐ Bill Gates ein Pionier der Softwareentwicklung ist unser großes Vorbild.

B ⌐ Mark unser Chef und ein großer Fan von Gates wählt sein Personal dementsprechend aus.

C ⌐ Darf ich euch Philipp einen unserer besten Mitarbeiter vorstellen?

D ⌐ Manuel wirklich unser Zuverlässigster löst fast jedes Softwareproblem.

6 **Verbessern Sie den Text, indem Sie die Sätze schreiben, in denen die Kommas fehlen.**

A ⌐ Sicherlich haben Sie unsere Rechnung vom 03.03. Rechnungsnummer 100150 in Höhe von 2.400,00 Euro fällig am 17.03. übersehen.

B ⌐ Bitte überweisen Sie den offenen Betrag bis zum 03.06. 17:00 Uhr an uns BIC ABCDEF74 HH6 IBAN DE 09111222000000345678. Bei Nichteinhaltung der Frist müssen wir die Zahlungsbedingungen ändern und eine Säumnisgebühr in Höhe von 2 % der Rechnungssumme erheben.

C ⌐ Leider müssen wir bei weiterer Zahlungsverzögerung ein Inkassounternehmen einschalten. Bitte weisen Sie den ausstehenden Betrag bis zum 10.06. 12:00 Uhr an. Bei erneuter Nichteinhaltung der Zahlungsfrist würden wir unsere Geschäftsverbindung beenden.

7 **Notieren Sie die Sätze. Trennen Sie die nachgestellten Erläuterungen durch Komma ab.**

A ⌐ Bei dieser Aufgabe unterstützt man sämtliche Unternehmensprozesse und zwar von der Auftragsanbahnung bis zum Kundenservice.

B ⌐ Auch praktische Tätigkeiten wie zum Beispiel im Bereich Marketing gehören zu dieser Ausbildung.

C ⌐ Kalkulieren ist eine wichtige Tätigkeit insbesondere bei der Ausarbeitung von Angeboten.

D ⌐ Dabei können viele Fehler entstehen z. B. durch Verrechnen.

E ⌐ Gehaltsabrechnungen gehören zu seinem Aufgabenbereich auch die Betreuung von Mitarbeitern.

F ⌐ Man verteilt die Aufgaben an die Beschäftigten d. h. an das Kundenpersonal.

Zu 4:

Ein Nebensatz, der **in eine Aufzählung eingeschlossen** ist, wird durch Kommas abgetrennt, auch wenn „und", „oder", „(sowohl…) als auch", „(weder…) noch", „beziehungsweise (bzw.)" folgen.

Beispiel:

Sport macht Spaß, hält fit, wenn man ihn regelmäßig betreibt, und ist gesund.

Zu 5 bis 6:

Die **Apposition** (Beisatz oder Satzergänzung) wird nach einem Bezugswort durch ein **Komma** abgetrennt.

Beispiele:

– *Marco, der Gewinner des Goldenen Hobels, arbeitet in unserem Betrieb.*

– *Am Sonntag, dem 25. Mai(,) entscheidet sich alles.*

– *Sie ist wohnhaft im Oder-Hochhaus, 16. Etage, Wohnung 3(,) rechts.*

Bei **Wohnungs-, Datums- und Zeitangaben** kann das **schließende Komma fehlen**.

Zu 7:

– **Angekündigte Wortgruppen**,

Beispiel:

Die zwei, Jan und Georg, sind Kollegen.

– **Anreden**,

Beispiel:

Hallo Peter, danke für deinen Hinweis.

– **Ausrufe** sowie **nachgestellte Erläuterungen** (häufig durch z. B., wie (z. B.), d. h., und zwar, insbesondere eingeleitet) werden durch **Komma** getrennt.

Beispiel:

*Das ist ein gutes Kriterium, **z. B.** bei der Beurteilung von fairem Handel.*

Regel 5:
Entgegensetzungen werden durch Komma abgetrennt.

○ **1** **Notieren Sie die Sätze und trennen Sie die Entgegensetzungen durch Komma ab.**

A ⌐ Wir befassen uns nicht mit Hydraulik allgemein sondern mit Elektro-
hydraulik.

B ⌐ Digitalkameras sind leicht zu bedienen doch Spiegelreflexkameras
liefern die besseren Bilder.

C ⌐ Von Antriebstechnik hat er kaum Ahnung aber von Automatisierungs-
technik.

D ⌐ Computer bestehen aus Komponenten und Peripheriegeräten doch sie
sind nur mit entsprechender Software nutzbar.

E ⌐ Social Media bieten dem Nutzer viele Vorteile andererseits sind die
Überwachungsmöglichkeiten nicht zu unterschätzen.

F ⌐ Hotspots gibt es bereits an vielen Orten allerdings noch nicht überall.

Zu 1 bis 3:

Entgegensetzungen können aus

– einzelnen Wörtern,

– Teilen von Sätzen oder

– ganzen Sätzen bestehen.

Beispiel:

*Sie wollen einen Kaffee **mit** Milch,*
***jedoch ohne** Zucker.*

Diese Wörter weisen auf Entgegensetzungen hin:
*aber, allerdings, einerseits … anderer-
seits, (je)doch, sondern*

◐ **2** **Schreiben Sie die Sätze. Fügen Sie an den markierten Stellen geeig-
nete auf Entgegensetzungen hinweisende Wörter und die notwendi-
gen Kommas ein. Vermeiden Sie Wiederholungen.**

A ⌐ Das Diagramm gibt nicht nur einen Einblick in die Entwicklung der
Verkaufszahlen von 2015 ▉ auch von 2016.

B ⌐ Die Grafiken lassen zwei Schlussfolgerungen zu: ▉ war das abge-
schlossene Geschäftsjahr insgesamt recht erfolgreich ▉ gab es einen
Einbruch im Inlandsgeschäft.

C ⌐ Im Juni steigt die Kurve unserer Inlandsaufträge wieder an ▉ die Aus-
landsaufträge brechen gleichzeitig drastisch ein.

D ⌐ Im Vorjahreszeitraum war die Auftragslage noch relativ stabil Ende des
Jahres ▉ setzte eine drastische Änderung ein.

E ⌐ Im vergangenen Jahr fiel der Umsatz nur leicht ▉ kontinuierlich.

● **3** **Verbinden Sie die beiden Sätze, sodass eine Entgegensetzung
ausgedrückt wird. Trennen Sie die Sätze durch Komma ab.**

A ⌐ Im Großen und Ganzen akzeptiere ich den Vertrag. Ich habe noch
einige Nachfragen.

B ⌐ Ich kann Ihnen einen Zahlungsaufschub gewähren. Ich muss mit
meinem Vorgesetzten noch Rücksprache halten.

C ⌐ Sie haben die Bedingungen in unserm Gespräch akzeptiert. Sie haben
noch nichts unterschrieben.

D ⌐ Das ist einerseits bedauerlich. Wir können Sie zu nichts zwingen.

E ⌐ Wir haben nicht nur einen Kunden verloren. Wir haben auch unseren
Ruf aufs Spiel gesetzt.

F ⌐ Vielleicht können wir den Schaden noch begrenzen. Große Chancen
sehe ich nicht.

Regel 6:
Wörtliche Rede wird durch Anführungszeichen kenntlich gemacht.

○ **1** **Schreiben Sie die Sätze neu. Kennzeichnen Sie die wörtliche Rede mit Anführungszeichen und schließen Sie den Begleitsatz mit Doppelpunkt ab. Ändern Sie – wo nötig – die Rechtschreibung.**

A ⌐ Sie sagt ich mache ein Aufbaustudium.

B ⌐ Sie äußert die Überzeugung damit verbessern sich meine Aufstiegschancen erheblich.

C ⌐ Sie hebt hervor im Beruf muss man sich immer weiterentwickeln.

D ⌐ Insbesondere betont sie man kann dadurch seine eigenen Fähigkeiten und Vorstellungen besser in seine berufliche Entwicklung einbringen.

E ⌐ Kritisch meint sie man lässt sich manchmal zu sehr von seinem Beruf vereinnahmen.

F ⌐ So fragt sie sich wie gelingt es mir auf Dauer, meine eigenen und meine beruflichen Interessen optimal in Einklang zu bringen?

○ **2** **Schreiben Sie die Sätze neu. Kennzeichnen Sie die wörtliche Rede mit Anführungszeichen und trennen Sie den nachgestellten Begleitsatz durch Komma ab. Setzen Sie am Ende der wörtlichen Rede das korrekte Satzzeichen.**

A ⌐ Wichtig ist regelmäßiges Training sagt er.

B ⌐ Dazu ist ein großes Maß an Disziplin notwendig betont er.

C ⌐ Und natürlich viel Ehrgeiz und persönlicher Wille ergänzt er.

D ⌐ Jammern hebt er hervor hilft nicht und lacht dabei.

○ **3** **Schreiben Sie die Sätze neu. Kennzeichnen Sie die wörtliche Rede durch entsprechende Satzzeichen. Ändern Sie die Rechtschreibung und die Satzzeichen.**

A ⌐ Bereitest du dich fragt sie gut vor.

B ⌐ Bereitest du dich gut vor fragt sie.

C ⌐ Ich bereite mich gut vor behauptet sie.

D ⌐ Bereite dich gut vor befiehlt sie.

○ **4** **Setzen Sie die Kommas. Formulieren Sie anschließend die Sätze in der direkten Rede. Verwenden Sie korrekte Rechtschreibung und Zeichensetzung.**
Beispiel: Sie sagt sie sei pünktlich.
Sie sagt, sie sei pünktlich.– Sie sagt: „Ich bin pünktlich."

A ⌐ Er behauptet er habe die Prüfung bestanden.

B ⌐ Er habe die Prüfung bestanden behauptet er.

C ⌐ Die Prüfung behauptet er habe er bestanden.

Zu 1 bis 3:

Der **Begleitsatz** (z. B. *er sagte*) zur wörtlichen Rede wird vor der wörtlichen Rede mit **Doppelpunkt** abgeschlossen.

Beispiele:
– *Er sagte: „Das geht in Ordnung."*
– *Sie fragte: „Kann ich mich darauf verlassen?"*

Steht der Begleitsatz nach der wörtlichen Rede oder geht er weiter, wird diese durch **Komma** von dem begleitenden Satz abgetrennt.

Beispiele:
– *„Das geht in Ordnung", sagte er.*
– *„Kann ich mich", fragte sie, „ darauf verlassen?"*
– *„Aber natürlich!", war rundum zu hören.*
– *„Sehen das alle so?", fragte sie noch einmal zur Sicherheit nach.*
– *Dann sagte sie: „Wir sehen uns morgen", und weg war sie.*

Der **Schlusspunkt** in der wörtlichen Rede **entfällt** in diesem Fall. **Frage- und Ausrufezeichen** werden jedoch gesetzt.

Zu 4:

Zwischen **Begleitsatz** und **indirekter Rede** steht ein **Komma** (vgl. Regel 1, Hinweise S. 52).

Beispiel:
Er meint, die Prüfung sei wichtig.

Regel 7:

Jede Übernahme aus einer fremden Äußerung wird mit Anführungszeichen gekennzeichnet und mit einer exakten Quellenangabe versehen. Auch Veränderungen des originalen Wortlauts werden beim wörtlichen Zitieren kenntlich gemacht.

Auch bei jeder sinngemäßen Übernahme fremder Äußerungen wird die Quelle angegeben, es sei denn, es handelt sich um nicht umstrittene Tatsachen (z. B. *Die Erde ist rund.*).

Grundsätzlich gilt: Handwerkliche Korrektheit und korrekte Wiedergabe des Sinns sind im Umgang mit Zitaten eine ethische Verpflichtung. Übernahme fremder Äußerungen ohne Quellenangabe sind strafbar.

1 **Ergänzen Sie die Erzählung – so weit möglich – mit wörtlichen Teilen aus dem Reisebericht.**

Erzählung:

Der Besuch des Sees war tatsächlich ein besonderes Erlebnis. Das Wasser hatte eine ▢ [▢] und die ▢, die ihn umgaben, waren von einem hellen Grün überzogen.

Auszug aus einem Reisebericht:

„Der See war von hellgrünen, sanften Anhöhen umgeben. Sein Wasser war von tiefblauer Farbe."

2 **Situation:** *In Ihrer Präsentation zum Thema „Journalismus und Internet" wollen Sie aus einem Buchabschnitt zu dieser Problematik zitieren.*

Buchabschnitt:

„Durch das Internet hat sich journalistisches Arbeiten in der heutigen Zeit nachhaltig verändert. Selbstständiges Recherchieren vor Ort findet kaum mehr statt, weil darauf spezialisierte Online-Dienste genug Material anbieten. Selbst das Schreiben von Artikeln beschränkt sich oftmals auf die Bearbeitung bereits vorliegender Textangebote. Der moderne Journalist wählt häufig nur noch Fremdtexte aus und redigiert sie."

Notieren Sie Ihren Text mit passenden Zitatenteilen und kennzeichnen Sie diese.

Präsentationstext (Auszug):

In dem Buch, auf das ich mich berufe, heißt es, dass in unserer Gegenwart das Internet ▢ ▢ [▢] hat. Klassische Journalistenarbeit gibt es kaum noch, sie wird – so der Autor – von ▢ [▢] ▢ [▢] geleistet, die ▢ ▢ ▢, was das eigenständige ▢ nahezu überflüssig macht. Der Journalist von heute ▢ ▢ ▢ ▢ ▢, die er lediglich redaktionell bearbeitet.

Zu 1 und 2:

Zitate werden an den eigenen **Kontext** angepasst. Abweichungen vom Original werden durch eckige Klammern gekennzeichnet.

Beispiel:

Er freut sich auf die „schöne[n] Seiten des Lebens".

Notwendige **Auslassungen** werden beim Zitieren durch drei Punkte in einer eckigen Klammer gekennzeichnet.

Beispiel:

„Der Text, […], entsteht überhaupt erst im Kopf des Lesers."

3 **Situation:** *Im Folgenden zitieren Sie aus dem Buch „Grundwissen Medien" aus dem Klett-Verlag, Stuttgart von Hanni Chill aus dem Jahr 1999. Das Zitat befindet sich auf der Seite 49: „Es gibt keinen vorgeschriebenen Weg in den Journalistenberuf. Wer ihn ergreifen möchte, hat viele Möglichkeiten: Praktikum in einer Zeitung oder einer Rundfunkanstalt, Hochschulstudium, Besuch einer Journalistenschule, freie Mitarbeit für eine Lokalzeitung."*

a) Notieren Sie den folgenden Text mit der richtigen Zitierweise, Zeichensetzung und Quellenangabe.

Text:
Dass es keinen vorgeschriebenen Weg in den Journalistenberuf gibt, ist mehr als bedauerlich.

b) Passen Sie Teile des Zitats an den folgenden Text mit richtiger Zeichensetzung, Rechtschreibung und Quellenangabe in Klammern an.

Text:
Die Feststellung es gibt keinen vorgeschriebenen Weg in den Journalistenberuf ist richtig. Denkbare Zugänge sind beispielsweise ein Praktikum in einer Zeitung oder der Besuch einer Journalistenschule. Hanni Chill betont: Wer ihn ergreifen möchte, hat viele Möglichkeiten.

4 **Situation:** *Das folgenden Zitat ist dem Internet unter folgender URL entnommen: http://www.faz.net/aktuell/politik/inland/gender-main-streaming-das-gute-recht-der-eltern-13258831.html
Es handelt sich um den Artikel „Gender Mainstreaming – Das gute Recht der Eltern" von Heike Schmoll.*

Zitat:
„Das Gender-Mainstreaming als EU-Richtlinie, die weit mehr umfasst als die Gleichstellung von Männern und Frauen, ist von allen Mitgliedstaaten für verbindlich erklärt und von der Öffentlichkeit weitgehend unbemerkt schon 1999 vom Bundeskabinett als Leitprinzip der eigenen Politik anerkannt worden."

Notieren Sie die Angabe der Quelle, die am 21.02.2015 kontaktiert wurde, in Klammern hinter dem Zitat.

5 **Situation:** *Auf der Seite 146 in der 3. Nummer der Zeitschrift „Living at Home" eröffnet die Autorin Silke Pfersdorf im Jahr 2015 eine Kolumne mit dem Titel: „Wo kommst du denn her, Schätzchen?" mit dem folgenden Satz:*

Satz:
Das Thema Freundschaft ist ein Dauerbrenner, örtlich völlig ungebunden und noch dazu zeitlos.

Zitieren Sie den Satz und notieren Sie die Quellenangabe.

Zu 3:

Bei **Büchern** als Quelle müssen angegeben werden: Verfasser/-in, vollständiger Titel, Verlag, Auflage, Erscheinungsort und -jahr sowie die Seite, auf der das Zitat steht.

Beispiel:

Asmuth, Bernhard/Berg-Ehlers, Luise: Stilistik. Westdeutscher Verlag. 3. Auflage, Opladen 1978, S. 23

In einem **Text** erscheint die Angabe der Quelle in **Klammern** hinter dem Zitat. Nach der Klammer folgt das Schlusszeichen. Schließt das Zitat mit einem Punkt und steht am Ende des Textes, so entfällt das Schlusszeichen hinter der Klammer.

Beispiele:

– So komme ich zum Schluss, dass dies mit Recht ein Haus genannt werden darf, das „für die Ewigkeit gebaut wurde". (Müller, Max, Häuser für Generationen. Domus-Verlag. Kiel 2012, S. 34)

– Der Aussage Müllers, dass dieses Haus „für die Ewigkeit gebaut wurde", stimme ich zu (Müller, Max, Häuser für Generationen. Domus-Verlag. Kiel 2012, S. 34).

Bei wiederholter Verarbeitung eines Zitats genügt ein Kurzverweis (ebd; siehe auch Hinweis zu 6).

Zu 4 bis 5:

Quellen aus dem **Internet** erfordern möglichst den vollen Namen des Autors/der Autorin/der Institution sowie den Titel des Beitrags, die URL und das Zugriffsdatum.

Beispiel:

Jan Peters: „Korrekte Kommas", http://www.kommas.com/noch-schlauer-lernen-xy, abgerufen am 13.10.2015 (oder: Stand: 13.10.2015)

Bei **Zeitschriften** als Quelle sind anzugeben: Verfasser/-in, Titel, Erscheinungsort, Zeitschrift-Nr./ Erscheinungsjahr, Seitenangabe des Artikels sowie die Seite, auf der das Zitat zu finden ist.

Beispiel:

Nicholas Kulish: Ihr werdet es vermissen. In: Zeitmagazin 51 /2014, S. 15-21 (oder: 15 ff., bei einer Folgeseite f.)

6 **Situation:** *Das folgende Zitat ist dem Buch von Mario Wandruszka, Das Leben der Sprachen, entnommen, das in der Deutschen Verlags-Anstalt in Stuttgart im Jahr 1984 erschienen ist. Es steht auf der Seite 8.*

Zitat:

„Wenn wir wissen sollen, was Sprache ist, müssen wir uns selbst befragen und beobachten. Man hat behauptet, das wäre ein subjektives Verfahren und daher unwissenschaftlich."

a) **Schreiben Sie zu dem Zitat einen kurz gefassten Quellenverweis.**
b) **Ergänzen Sie den folgenden Text mit Auszügen aus dem Zitat. Fügen Sie am Schluss die Quellenangabe hinzu. Nehmen Sie dabei an, dass Sie mehrere Titel des Autors in Ihrem Text zitieren.**

Text:

Wandruszka behauptet, dass Sprache nur verstanden werden könne, wenn ▨ ; man habe allerdings argumentiert, ein solches Vorgehen sei subjektiv ▨.

7 **Situation:** *Die Vorbemerkung des Stilistik-Bandes von Asmuth/Berg-Ehlers (siehe Hinweis zu Aufgabe 3) beginnt auf der Seite 9 mit dem Satz: Die Reihe „Grundstudium Literaturwissenschaft" gibt dem Thema Stilistik eine besondere Ausrichtung.*
Das Werk wurde zuvor bereits von Ihnen zitiert.
Zitieren Sie den Satz so, dass er zu dem folgenden Satzanfang passt. Notieren Sie auch die Quellenangabe.

Satzanfang:

Asmuth/Berg-Ehlers eröffnen ihr Buch über „Stilistik" mit der Bemerkung, dass ▨

8 **Erstellen Sie ein Literaturverzeichnis zu allen in der Hinweisspalte und den Aufgaben 3 – 5 verwendeten Quellen.**

Zu 6:

Die Quelle eines Zitats kann vollständig benannt (siehe Aufgabe 3) oder – meist in einem eigenen Kontext – kurz gefasst angegeben werden, wobei die ausführliche Angabe dann in einem Literaturverzeichnis (siehe **zu 8**) vorhanden sein muss. Die Quelle steht am Ende des Zitats in Klammern.

Beispiel:

(Asmuth, S. 12) oder bei mehreren Titeln unter dem gleichen Autorennamen:
(Asmuth 1976, S. 12)

Bei nur sinngemäßem Zitieren entfallen die Anführungszeichen. Es folgt:
(vgl. Asmuth, S. 17).

Zu 7:

Zitate im Zitat müssen durch gesonderte Anführungszeichen ausgewiesen werden.

Beispiel:

‚Normative Stilistiken' nennen sich die Lehrbücher des Stils."

Zu 8:

Das **Literaturverzeichnis** ist eine Zusammenstellung aller verwendeten Quellen. Es wird auf der Grundlage der Nachnamen der Autoren bzw. der Herausgeber alphabetisch geordnet.

Die im eigenen Text genannte Seitenzahl muss dabei nicht noch einmal genannt werden.

Beispiel:

Asmuth, Bernhard/Berg-Ehlers, Luise: Stilistik. Westdeutscher Verlag. 3. Auflage, Opladen 1978
Bundesministerium der Justiz und für Verbraucherschutz: „Gesetze im Internet", www.gesetze-im-internet.de/index/html, (Stand: 13.10.2013)
Glunk, Fritz R.: Schreib-Art. Eine Stilkunde. Deutscher Taschenbuch Verlag. München 1994

Test

Entscheiden Sie, in welchen Sätzen die Zeichensetzung korrekt ist.

1	Bitte bringen Sie mir eine Tasse Kaffee Zucker ein Stück Kuchen.
2	Wir informieren Sie, dass der Zug 20 Minuten Verspätung hat.
3	Der Zahn lässt sich wiederherstellen ohne ihn gleich ziehen zu müssen.
4	Das ist kein technisches Versagen, sondern eher ein elektronisches Problem.
5	Das könnte richtig sein wir müssen es auf jeden Fall überprüfen.
6	Ein Arbeitnehmer der sich nicht weiterbildet hat es heute schwer.
7	Die Fahrkarte ist günstig und sie ist eine Woche lang gültig.
8	Er versicherte: „Die Rendite wird steigen" und erwarb umgehend mehrere Aktien.
9	Ich gehe davon aus dass meine Bewerbung gute Chancen hat.
10	Weshalb die Arbeitszeiten geändert werden müssen, ist mir nicht erklärlich.
11	Ohne über schalldämpfende Maßnahmen nachzudenken können wir nicht beginnen.
12	Dieser Beschluss ist unwirksam; davon gehen wir alle aus!
13	Ich plane, mich demnächst zu verändern.
14	Der Transport erfolgt auf Paletten dreifach gestapelt und in Folie verpackt.
15	Die Sicherheitsbestimmungen sind weder effektiv noch helfen sie weiter.
16	Eine Anmeldung für das nächste Semester ist möglich, jedoch erst in zwei Wochen.
17	Mein Chef meint ein Aufbaustudium sei für mich wichtig.
18	Ich zitiere aus dem Gutachten: Das Fahrzeug hat einen Totalschaden.
19	Auf der Verpackung steht: „Nur im Freien verwenden!"
20	Das Produkt gibt es schon länger allerdings nicht überall.
21	Der Receiver ist nicht nur kabel-, sondern auch satellitentauglich.
22	Achten Sie auf das Gütesiegel, und lesen Sie das Kleingedruckte!
23	Das Formular ist unübersichtlich, und es ist deshalb kaum für unsere Zwecke nutzbar.
24	Um rechtzeitig fertig zu werden sollten Sie mehr Personal einsetzen.
25	Ich bemühe mich weit vorauszuplanen.
26	Ihr geht es darum das Projekt so schnell wie möglich abzuschließen.
27	Der Küchenchef sagt uns was wir einkaufen sollen, und wann wir beginnen müssen.
28	Informieren Sie mich sofort, sobald Ihnen die Lieferbedingungen bekannt sind!
29	Er bearbeitete den Auftrag gleich nach Eingang, weil er dringend erledigt werden musste und verschickte die Ware anschließend sofort.
30	Mit freundlichen Grüßen, Gabriela Katz

Lösungen
52k89c

Ausdruck und Stil

Wählen Sie den treffenden Ausdruck.

1 **Situation:** *Sie charakterisieren ausgewählte Mitarbeiter mit den Adjektiven A bis G. Wörter mit gleicher oder sehr ähnlicher Bedeutung (Synonyme) finden Sie jeweils in der mittleren Spalte.*

Notieren Sie die Verben in der rechten Spalte und wählen Sie dazu statt des Adjektivs in der linken Spalte ein treffendes Synonym aus.

	charakterisie-rende Adjektive	Wortschatz: Synonyme	Verben
A	fleißig	arbeitsam, strebsam, eifrig, die Zeit nutzend, regelmäßig, oft, häufig	1) fleißig arbeiten → *eifrig* arbeiten 2) besuchen
B	flexibel	biegsam, nachgiebig, elastisch, anpassungsfähig, veränderbar, wandlungs-fähig, beweglich, gelenkig	1) reagieren 2) vorgehen
C	freundlich	liebenswürdig, wohlwol-lend, heiter, ansprechend	1) aufnehmen 2) gestalten
D	freimütig	arglos, offen, unbekümmert, frei, aufrichtig	1) bekennen 2) gestehen
E	konsequent	folgerichtig, beharrlich, beständig, grundsatztreu	1) sein 2) handeln
F	großzügig	großmütig, nachsichtig, freigebig, weittragend, sich über Kleinigkeiten hinwegsetzend	1) helfen 2) planen
G	streng	schonungslos, unnach-giebig, hart, schroff, scharf, absolut, ganz, völlig	1) verboten 2) untersagt

Treffender Ausdruck

Falscher und nicht zutreffender Ausdruck kann das Verständnis erschweren, Ablehnung hervorrufen, beleidigend sein, Missachtung des Kommunikationspartners ausdrü-cken.

Verwenden Sie in der **Schriftsprache**

– standardsprachliche, nicht um-gangssprachliche Ausdrucksweisen, Beispiel:
  so bald als (Schriftsprache: **wie**) *möglich*

– genaue und korrekte Bezeichnun-gen,

– zum Inhalt passende Wortwahl,

– höfliche Wendungen.

2 **Ersetzen Sie die unterstrichenen Wörter durch treffendere Ausdrücke. Sie können Wörter aus dem Wortschatz entnehmen.**

		Wortschatz
A	Sven und sein Vater <u>reparieren</u> gemeinsam Häuser.	neu machen, sanieren, verändern
B	Mit dem etwas lauten Ton seines Vaters kann er ganz gut <u>auskommen</u>.	zurechtkommen, umgehen
C	Wenn ein Sohn in die Fußstapfen des Vaters <u>läuft</u>, muss das nicht immer <u>gehen</u>.	treten, funktionieren, glattgehen, gutgehen, reibungslos ablaufen
D	Oft <u>kommen</u> wieder alte Beziehungs-konflikte <u>raus</u>.	an die Oberfläche treten, aufbrechen
E	Viele Kinder <u>gehen</u> bei der Auswahl ihres Berufes in die Laufbahn der Eltern.	sich entscheiden für, wählen

F	Die Lust ist besonders groß, wenn sie erfahren, dass die Eltern in ihrem Beruf finanziell auskommen.	Bedürfnis, Sehnsucht, Reiz, beobachten, sehen, erfolgreich sind, zurechtkommen
G	Wenn ein Handwerksbetrieb als Familienunternehmen da ist, finden die Kinder es besonders angenehm.	vorhanden, attraktiv, verlockend
H	Da die schwere Zeit der Unternehmensgründung nicht betreten werden muss, sind die Erfolgsaussichten auch höher.	durchgestanden, durchgemacht, größer, rosiger
I	Trotzdem möchten sich junge Menschen wegbewegen von dem, was die Eltern machen, sich den Erfolg selbst gönnen, eigene Wege laufen.	absetzen, abgrenzen, erkämpfen, erarbeiten, gehen, beschreiben

3 Ergänzen Sie den jeweiligen Ausdruck durch das treffende Verb.

Wortschatz

A	1) das Ziel 2) die Mode	aufkommen, zunehmen, treffen, sitzen
B	1) den Vorschlag 2) den Auftrag	übernehmen, sich anschließen, zustimmen, bejahen
C	1) einen anderen Mitarbeiter 2) dem Antrag	stattgeben, genehmigen, gutheißen, bevorzugen
D	1) eine Nachricht 2) einen Boten	durchlassen, weiterleiten, gestatten, betreiben
E	1) den Wert 2) die Frist	gutmachen, profitieren, behalten, verlängern
F	1) den Preis 2) den Titel	aufhören, entziehen, niederwerfen, zurückzahlen
G	1) alle Zweifel 2) die Erwartungen	dämpfen, abkühlen, beruhigen, beseitigen
H	1) einen Unfall 2) ihre Talente	fördern, veranlassen, betreiben, verursachen

4 Formulieren Sie die umgangssprachlichen Wörter und Wendungen in standardsprachliche Ausdrucksweise um.
Beispiel: Was zu viel ist, ist zu viel. → *Jetzt habe ich genug davon. Meine Geduld ist zu Ende.*

A   Herr Buck ist unser bestes Pferd im Stall.
B   Sie können sicher sein: Ich werde ihm nicht auf den Leim gehen.
C   Er wird sich unterstehen und eine Lippe riskieren.
D   Sie hat aber eine lange Leitung.
E   Ihm ist alles zu viel.
F   Er meint wunder, was er kann.
G   Er hat uns nicht zum ersten Mal geleimt.
H   Wenn Sie das machen, können Sie ins Loch kommen.
I   Die Pferde gehen leicht mit ihm durch.
J   In dieser Abteilung habe ich nichts zu melden.
K   Der Kerl löchert mich immer so.

Wählen Sie den passenden Ausdruck.

1 Ordnen Sie die falsch zugeordneten Adjektive den richtigen Substantiven zu. Schreiben Sie den Ausdruck in korrekter Form.

Beispiel: eine bescheidene **Gestalt** → *eine **zarte** Gestalt*

das zarte **Auftreten** → *das **bescheidene** Auftreten*

A
1) ein trostloses Gesicht
2) eine traurige Gegend
3) ein betrübtes Ereignis
4) eine saure Stimmung

D
1) lichte Augen
2) ein wässriger Farbton
3) ein günstiger Gedanke
4) klare Aussichten

B
1) ein grobes Haar
2) die krause Briefmarke
3) das gezähnte Vorgehen
4) eine umständliche Oberfläche

E
1) die verpackte Beziehung
2) die gespannte Schraube
3) die angezogene Ware
4) ein intensives Seil

C
1) die klapprige Luft
2) das unreine Holz
3) der faulige Ehrgeiz
4) mit rücksichtsloser Haut

F
1) eine verschwommene Ähnlichkeit
2) ein verblüffender Dampf
3) in leiser Sicht
4) ein nebelhafter Ton

2 Notieren Sie die Sätze mit dem Ausdruck, der passend und ansprechend wirkt.

A Frau S. (1) äußert sich / (2) redet / (3) schreibt in ihrem Artikel sehr positiv über das frühe Heiraten.

B Sie (1) argumentiert / (2) sagt ihre Meinung / (3) offenbart sich aufgrund ihrer Lebenserfahrung.

C Dass sie (1) für das frühe Heiraten ist / (2) das frühere Heiraten befürwortet / (3) sich für das frühe Heiraten entscheidet, kann ich zwar (1) auch so sehen / (2) bedingt nachvollziehen / (3) akzeptieren, aber ich (1) kämpfe eher dafür / (2) befürworte eher / (3) bin eher so eingestellt, dass man sich viel Zeit mit dem Heiraten lassen sollte.

D Der Hauptgrund für (1) meine abwartende Haltung / (2) meine Einstellung / (3) meine Meinungsäußerung ist, dass ich sehe, welche (1) negativen Folgen / (2) erschreckenden Auswirkungen / (3) furchtbaren Wirkungen eine gescheiterte Ehe auf Kinder haben kann.

3 Schreiben Sie die Sätze, in denen ein falsches Wort (unterstrichen) benutzt wurde, neu und setzen Sie das richtige Wort ein.

A Manchmal geht er mit seinem Meister um, als wäre dieser sein Sklave. Er hat einfach keinen <u>Verstand</u>.

B Ich kann nicht sehen, wie krumm er diese Teile zusammennäht, er hat <u>scheinbar</u> noch nie genäht und alles vergessen, was wir gelernt haben.

C Hier stimmt es nicht mit der <u>Statistik</u>, sonst würde diese Seite nicht so nach unten hängen.

D <u>Anscheinend</u> blieb er ganz ruhig, aber innerlich sann er auf Rache.

E Großes <u>Beileid</u> hatte er nicht mit ihm, wenn er seine Arbeit nun nicht rechtzeitig erledigen konnte.

F Er vertrat eine <u>Fassung</u>, die unseren ganzen Erfahrungen widersprach.

> **Richtiger Ausdruck**
>
> Drücken Sie sich richtig aus: Achten Sie besonders auf ähnlich klingende Wörter.
>
> Beispiele:
> – *scheinbar = nicht wirklich, nur so scheinend*
> – *anscheinend = offenbar, also wirklich*

Wechseln Sie ab in der Wortwahl.

1 **Ersetzen Sie jeweils eines der unterstrichenen Verben und formulieren Sie den Satz entsprechend.**

Beispiel: Das Ministerium **plant** das schon lange. Aber was **geplant** war, wurde immer wieder verschoben. → *Das Ministerium plant das schon lange. Aber **das Vorhaben** wurde immer wieder verschoben.*

A Im Durchschnitt <u>essen</u> die Deutschen 1200 g Fleisch pro Woche. Laut Empfehlung von Gesundheitsorganisationen sollten sie nur 300 bis 500 g pro Woche <u>essen</u>.

B Fleisch <u>begünstigt</u> rheumatische Erkrankungen. Es <u>begünstigt</u> auch das Auftreten des Herzinfarkts.

C Man sollte fleischlose Tage <u>einführen</u>. Möglich wäre auch, Bonuspunkte für Ernährungsbewusste <u>einzuführen</u>.

2 **Ersetzen Sie die wiederholt verwendeten Adjektive durch sinnvolle andere Adjektive. Formulieren Sie den Satz – wenn nötig – um.**

A Eine Mahlzeit ohne Fleisch kann auch sehr <u>köstlich</u> schmecken. In vielen Kochbüchern finden sich <u>köstliche</u> Rezepte dazu.

B Es ist <u>fantastisch</u>, welche <u>fantastischen</u> Mahlzeiten man auch ohne Fleisch zubereiten kann.

C Das Bundesministerium für Gesundheit plant eine <u>große</u> Aufklärungskampagne. Dabei soll vor dem <u>großen</u> Fleischkonsum gewarnt werden. Zu diesem Zweck wird eine <u>große</u> Broschüre als Ratgeber erstellt werden.

D Der Ratgeber soll ein <u>breites</u> Publikum erreichen und <u>breit</u> gestreut werden.

E Derweil haben Verbände das Vorhaben des Ministeriums <u>heftig</u> kritisiert. Am <u>heftigsten</u> wurden die Pläne von den Verbänden in Bayern und Niedersachsen verurteilt.

3 **Ersetzen Sie „machen" durch ein ausdrucksstärkeres Verb.**

A Sie machen die Aufbauten für Anhänger.
B Sie machen ihre Arbeit immer pünktlich.
C Er macht täglich das Essen.
D Sie macht einen ziemlich festen Teig.

4 **Ersetzen Sie „schön" und „ gut" durch ausdrucksstärkere Adjektive.**

A Es herrschte eine schöne Atmosphäre.
B Der Raum war schön hergerichtet.
C Die benötigten Materialien waren alle schön an den Plätzen verteilt.
D Die Informationen wurden gut dargestellt.
E Auf die Fragen der Teilnehmer wurde gut eingegangen.
F Dem Referenten wurde eine gute Arbeit bescheinigt.

Abwechslungsreiche Wortwahl

Stets gleiche Wortwahl wirkt **eintönig** (monoton) und ermüdet den Kommunikationspartner.
Variieren Sie also in der Wortwahl, sodass Ihre Sprache lebendiger wirkt. Benutzen Sie zur Abwechslung andere Wörter oder Begriffe mit gleicher Bedeutung.

Ausdrucksstarke Wörter

Benutzen Sie in der Schriftsprache nach Möglichkeit sprachlich ausdrucksstarke Wörter.
Beispiele:
– *Sie haben die Wahl zwischen **vielen** (→ **zahlreichen**) Berufen.*
– *Er **macht** noch einmal eine **Kontrolle** der Reifen. → Er **kontrolliert** noch einmal die Reifen.*

Vergewissern Sie sich, ob Sie die Verben *tun, machen, haben, sein* oder Adjektive wie *wunderbar, schön, gut*, nicht durch leserwirksamere Ausdrücke ersetzen können.
Beispiele:
– *Die Handnaht hast du **wunderbar gemacht**. → Die Handnaht hast du sehr **exakt und gerade angebracht**.*
– *Die Zusammenarbeit **ist** (→ **verläuft**) gut.*

Wortwahl: Halten Sie sich an das Wesentliche.

○ **1** **Schreiben Sie die Sätze ohne Füllwörter und unnötige Wiederholungen neu.**

A Das ist nun schon jetzt der dritte Anlauf, um zu einem Abschluss zu kommen.

B Wir müssen dann sehen, ob wir dann nicht den Vertragstext noch einmal ändern müssen.

C Wir können das morgen besprechen, wenn wir dann morgen Vormittag die Sitzung abhalten.

D Heute ist einfach die Zeit zu knapp, wir sollten heute noch die Zahlen zusammenstellen.

E Wenn der Kopierer jetzt gerade frei ist, fertige ich dann nun noch gleich noch auch eine Kopie für Sie an.

◐ **2** **Notieren Sie die Sätze und reduzieren Sie sie um gleichlautende Aussagen und um weniger ausdrucksstarke Wörter und Wendungen.**

A Ganz vielen herzlichen Dank, Sie haben uns sehr geholfen.

B Danke für Ihr freundliches und nettes Schreiben.

C Das haben Sie hervorragend poliert, alles glatt, schön glänzend.

D Wir halten ein reizendes und attraktives Angebot für Sie bereit. Sie werden bezaubert sein. Rufen Sie uns an.

E Wenn Sie diese Versicherung abschließen, werden Sie sich danach viel sicherer fühlen und können ein unbeschwertes, sorgenfreies, unbekümmertes und ungetrübtes Leben führen.

● **3** **Verknappen Sie die Sätze so, dass die inhaltliche Aussage erhalten bleibt, aber auf den Kern reduziert ist.**
Beispiel:
Wir haben Ihr Schreiben erhalten und uns sehr darüber gefreut. Vielen Dank dafür. → *Vielen Dank für Ihr freundliches Schreiben.*

A Wir werden einige Tage für die Reparatur benötigen, 3 bis 4 Tage schon, vielleicht auch etwas länger, das braucht schon etwas Zeit.

B Wenn sich die Kosten weiter erhöhen und weiterhin um mehr als 5 Prozent pro Jahr steigen, dann werden wir bei einer solchen Erhöhung nicht mitziehen und von unserer vertraglich festgelegten Möglichkeit Gebrauch machen, vom Vertrag zurückzutreten. Diese Option steht uns im Vertrag zu.

C In Ihrer Rechnungsaufstellung haben Sie bei den Tapeten zu viel berechnet. Sie haben 7 Rollen wieder zurückgenommen. Zwar haben Sie 15 mitgebracht, aber nur 8 verbraucht. Die restlichen Rollen haben Sie wieder mitgenommen. Nun tauchen sie auf der Rechnung wieder auf. Vielleicht ist das nur ein Versehen. Auf jeden Fall sind das 7 Rollen zu viel.

Einmal gesagt ist gesagt
Überflüssige Wörter können störend wirken.

- Kontrollieren Sie, ob Wörter nicht überflüssig sind, um den Sinn des Satzes zu verstehen.
- Auch Ausdrücke und Wendungen können überflüssig für das Verständnis sein.
- Wählen Sie bei bedeutungsmäßig sehr ähnlichen Wörtern das ausdrucksstärkere.

Beispiel:
*Es herrschte eine **schöne, angenehme** Stimmung. → Es herrschte eine **angenehme** Stimmung.*

Fremdwörter und Anglizismen: Verwenden Sie deutsche Wörter, wenn diese bedeutungsgleich und gebräuchlich sind.

1 Ordnen Sie die folgenden Wörter in einer Tabelle nach den aufgeführten Kriterien. Zum Teil sind auch Mehrfachzuordnungen möglich.

Kriterien:

A Wort im alltäglichen Sprachgebrauch, wird kaum noch als Fremdwort empfunden, die Ausdrucksweise ist bei der Verständigung kaum ein Problem

B Wort erleichtert Verständigung unter Leuten mit gleichem oder ähnlichem Wissen, ist aber nicht für jeden verständlich

C Modewort, leicht ersetzbar, Gebrauch schafft Distanz zu anderen gesellschaftlichen Gruppen

D Wort im alltäglichen Sprachgebrauch, für die meisten Menschen verständlich, könnte leicht ersetzt werden

Beispiele:

– Dieses **Programm** läuft auf diesem Betriebs**system** einwandfrei.

– Aber mit diesem ist es nicht **kompatibel** [1].
– Er benötigt ein **Implantat** [2].

– Das ist doch alles **easy** [3].
– Was machen die **Kids** [4]?
– Er ist **koncliant** [5].

– Das ist ein **Highlight** [6].
– Er arbeitet sehr **akkurat** [7].

1 abchecken	9 E-Book	17 Hardliner	25 Mountainbike
2 Allrounder	10 einchecken	18 hip	26 Pole-Position
3 boomen	11 einloggen	19 Hooligan	27 scrollen
4 Catering	12 Equipment	20 Interview	28 smart
5 Casting	13 Feedback	21 Junkmail	29 Sweatshirt
6 Coffee to go	14 Feeling	22 Label	30 toppen
7 Community	15 Flatrate	23 Laptop	31 voten
8 cool	16 googeln	24 Lifestyle	32 Warm-up

> **Fremdwörter/Fachwörter/Anglizismen adressatengerecht verwenden**
>
> Fremdwörter sind Wörter, die aus einer anderen Sprache übernommen wurden. Sie wurden noch nicht so „eingedeutscht" wie Lehnwörter (z. B. das Lehnwort „Nase"), sodass sie immer noch als „fremd" empfunden werden.
> Deshalb sollte man beim Gebrauch von Fremdwörtern, Fachwörtern (teilweise deutsche Wörter, teilweise Fremdwörter oder Wortneubildungen) und Anglizismen (aus dem englischen Sprachgebrauch meist direkt übernommene Wörter) darauf achten, was für den Adressaten verständlich ist.
> Entsprechend sollte man den Gebrauch solcher Wörter den Verständnismöglichkeiten des Adressaten anpassen oder die Wörter erklären.
>
> Beispiel:
> *Wir kommunizieren ständig, teilen also dem anderen etwas mündlich, schriftlich, durch unsere Körperhaltung, unsere Gestik oder Mimik mit.*
>
> (Erklärung des Fremdworts)

2 Notieren Sie die Begriffe, die Sie Ihrer Meinung nach einem medizinisch nicht gebildeten Publikum erklären müssten.

A Immunität	**D** Down-Syndrom	**G** Hämatom	**J** Bakterie
B Ekzem	**E** Prothese	**H** Kardiograf	**K** Allergie
C Virus	**F** Infektion	**I** Metastase	**L** Arthrose

1) zusammenpassend, vereinbar
2) im Körper eingepflanztes Gewebestück, künstlicher Zahn, eingesetzt statt eines gezogenen
3) leicht
4) Kinder
5) versöhnlich, umgänglich
6) Glanzpunkt, Höhepunkt
7) sorgfältig, genau

3 Erklären Sie die unterstrichenen Begriffe einem Nicht-Fachpublikum. Sie können sich auf die Worterklärungen stützen. Formulieren Sie die Sätze zu diesem Zweck um.
Beispiel: Diese Jacke können Sie bei feuchtem Wetter gut tragen, sie ist **imprägniert**. → *Die Jacke ist mit einem chemischen Schutzmittel gegen Feuchtigkeit durchtränkt.*

A Wir müssen das in unsere Überlegungen implementieren.

B Die Benutzung inhaltsloser Worthülsen soll Kompetenz und Seriosität suggerieren.

> **Worterklärungen:**
>
> *einsetzen, einbauen – Fähigkeiten, Sachverstand, Zuständigkeit – Ernsthaftigkeit, Würdigkeit – etwas einreden, gefühlsmäßig beeinflussen*

Konkretisieren und erläutern Sie abstrakte Aussagen, um das Verständnis zu erhöhen.

1 **Lösen Sie die unterstrichenen Abstrakta in einem ganzen Satz auf.**
Beispiel: Unter Beachtung der gegenwärtigen wirtschaftlichen Situation → *Wenn man die gegenwärtige wirtschaftliche Situation beachtet* …

A bei Einhaltung des gestern unterschriebenen Vertrages
B durch Rücksichtnahme auf die finanzielle Situation des Kunden
C unter Bezugnahme auf Ihre zu Beginn gemachte Aussage
D Es bestand Einigkeit im weiteren Vorgehen.
E durch seine Offenheit gegenüber neuen Vorschlägen
F aufgrund der Verbesserung der Betriebsabläufe

2 **Erläutern Sie jeweils die gemachten Aussagen, sodass sie verständlicher werden.**
Beispiel: In dieser Gruppe besteht Übereinstimmung darüber, dass Machtunterschiede etwas Schlechtes sind. → *Das bedeutet, dass keiner das Recht hat, über den anderen zu bestimmen, sondern alle in gleicher Weise an der Macht beteiligt sind. Abhängigkeiten darf es nicht geben.*

A Die Tatsache, älter zu sein als der andere, wird nicht als Argument angesehen, dass man mehr Rechte hat.
B Die bloße Feststellung, eine Frau zu sein, soll keine besondere Behandlung der Person erzwingen.
C Erwachsensein soll nicht mit dem Besitz besserer Einsichten und damit größerer Macht verbunden sein.
D Regeln, Konventionen erleichtern das Leben, deren Aufhebung macht es komplizierter.

3 **Erläutern Sie das Unterstrichene näher und geben Sie ein oder mehrere Beispiele.**
Beispiel: Der Chef – so wird gefordert – soll seinen Mitarbeitern auf Augenhöhe begegnen. → *Er soll also nicht als Herr gegenüber seinen Untergebenen auftreten, sondern als Partner. So müsste er z. B. seine Mitarbeiterin bitten (nicht sie anweisen), dies oder jenes zu erledigen. Und diese wiederum hätte die Möglichkeit, um eine Aufschiebung der Aufgabe zu bitten, ohne dass ihr Nachteile daraus erwachsen.*

A Kinder sind nicht Objekte der Erziehung, sondern Mitbewohner der familiären Wohngemeinschaft, in der Regeln untereinander abgestimmt werden.
B In allen Situationen gilt es, den Blickwinkel des anderen zu beachten und sich in den andern hineinzuversetzen.
C Nur die Bekundung eigener Bedürfnisse kann den anderen wiederum zwingen, nicht nur seine eigene Situation zu sehen, sondern auch die des Gegenübers.

Konkretisieren

Abstrakta sind ein wesentlicher Bestandteil der Hochsprache. Der Inhalt ganzer Sätze kann damit gerafft werden. Das Konkrete oder direkt Sichtbare tritt in den Hintergrund, der Blick richtet sich auf die Gesamtsituation oder andere Zustände.

Beispiel:

*die **Ziele** des Vereins* = Personen haben festgelegt, was (in einer bestimmten Zeit) konkret erreicht werden soll und worauf das Handeln ausgerichtet sein soll.
Für den Adressaten wird dadurch das Verständnis erschwert. Will man die Verständigung erhöhen, sollte man abstrakte Ausdrucksweisen mit (möglichst vielen) konkreten Aussagen erläutern oder mit konkreten Beispielen verdeutlichen.

Benutzen Sie das korrekte Relativpronomen und schließen Sie es richtig an.

1 **Stellen Sie den Satz so um, dass das Relativpronomen an das Bezugswort direkt angeschlossen ist.**
Beispiel: Wir brauchen Konzepte für den Vertrieb unseres neuen Produkts, die ansprechend wirken. → *Für den Vertrieb unseres neuen Produkts brauchen wir **Konzepte, die** ansprechend wirken.*

A Es ist nicht nur die Zahlungsfähigkeit, sondern auch das Verhalten der Kunden, die sich verändert hat.

B Der nächste Punkt wird etwas mehr Zeit zur Besprechung in Anspruch nehmen, den wir auf unserer Tagesordnung haben.

C Es geht nämlich um Termine und die Zuständigkeiten beim Umzug in das Verwaltungsgebäude, die unter den betroffenen Mitarbeitern abgesprochen werden müssen.

2 **Schließen Sie die grammatikalisch falsch angeschlossenen Relativsätze korrekt an.**

A Die Regierung reagierte auf die Kritik, an deren sich an der stark gestiegenen Zahl von Biokraftwerken entzündete.

B Die Anbaufläche, die Mais angepflanzt wurde, hat sich vervielfacht.

C Der Anbau verdrängte die Wiesen, deren die Heimat vieler Pflanzen, Vögel und anderer Tiere waren.

D Es ist gut ein Drittel der Ernte, der in die Biogasanlage wandert.

E Jährlich fallen mehrere Millionen Tonnen organischer Abfälle an, der zu Kompost verarbeitet werden.

F Es wird auch an Pflanzen wie dem Kleegras geforscht, die als umweltverträglich gilt.

3 **Schreiben Sie die Sätze neu, in denen das Relativpronomen falsch gebraucht wird.**

A Unser Unternehmen tut alles, das technisch möglich ist, um den Energieverbrauch zu senken.

B Zwar gibt es noch einiges, das in den Kinderschuhen steckt, aber wir sind auf einem guten Weg.

C Es ist das außergewöhnliche Engagement der Mitarbeiter, was uns diesen Erfolg bescherte.

D Und so manches, das bisher nur belächelt wurde, hat sich höchst rasant bis zur Serienreife entwickelt.

E Die Konkurrenz kann da nicht mithalten, was uns noch stolzer macht.

F Der Wille des ganzen Teams zur weiteren Verbesserung ist das Schöne, was uns in unseren Anstrengungen beflügelt.

G Trotzdem wissen wir, dass es so manches gibt, das wir noch nicht gelöst haben.

Das Relativpronomen richtig verwenden

Das Relativpronomen (bezügliche Fürwort) verweist auf ein Satzglied, das in der Regel unmittelbar vor dem Pronomen im Satz davor steht.

Im Deutschen können die Demonstrativpronomen (der, die, das), die Interrogativpronomen (wer, was) und welcher, welche, welches (eher stilistisch vermeiden) Relativpronomen sein.

Das Relativpronomen „**das**" bezieht sich auf ein
– Substantiv oder eine
– Substantivierung im Neutrum.

Das Relativpronomen „**was**" bezieht sich auf
– ein Pronomen im Neutrum (meist ein Indefinitpronomen, z. B. „alles", „einiges") oder
– den Inhalt eines ganzen Satzes.

Beispiele:
– *Sie hielt **das Versprechen** ein, **das** sie gegeben hatte.*
– *Er versprach reißende **Umsätze in kurzer Zeit, was** er bei solcher Gelegenheit immer tat.*
– *Sie lieferten **alles, was** der Kunde bestellt hatte.*

Partizipien durch Relativsatz auflösen

Das Verständnis eines Textes kann man erleichtern, indem man eine Konstruktion mit Partizip in einen Relativsatz auflöst.

Beispiel:
Das zunächst unter schwierigen Bedingungen ausgehandelte, aber dann wieder zurückgenommene Zugeständnis spielte am Schluss keine Rolle mehr.

→ *Das Zugeständnis, **das** zunächst unter schwierigen Bedingungen ausgehandelt, aber dann wieder zurückgenommen **wurde**, spielte am Schluss keine Rolle mehr.*

Verwenden Sie den Verbalstil, um die Verständlichkeit zu erhöhen.

1 **Formulieren Sie so, dass Sie die inhaltliche Bedeutung vom Substantiv auf das Verb verlagern.**

Beispiel: Zum Entschluss kommen → *sich entschließen*

A In Erfahrung bringen

B Zur Einigung gelangen

C Zum Halten kommen

D Eine Messung durchführen

E Einer Prüfung unterziehen

F Zur Anzeige bringen

2 **Entscheiden Sie,**
– **welche Ausdrucksweisen (nominale Fügung) eine tiefere Bedeutung gegenüber dem einfachen Verb haben können und**
– **welche vermieden werden sollten.**
Begründen Sie Ihre Entscheidung zum ersten Fall.

A Zum Abschluss bringen · · · · · · · abschließen

B In Abzug gelangen · · · · · · · · abziehen

C Ins Bewusstsein rufen · · · · · · sich bewusst werden

D In Wegfall kommen · · · · · · · · wegfallen

3 **Wandeln Sie die Ausdrücke zu einem Haupt- oder Nebensatz um.**

Beispiel: Unter Bezugnahme auf Ihr Schreiben …
→ *Wir beziehen uns* auf Ihr Schreiben …

A Unter Beachtung der Regeln …

B Bei Einhaltung der Fristen …

C Bei gesonderter Ausweisung der Mehrwertsteuer …

D Während der Ausführung dieser Arbeiten …

E Beim Berühren der Drähte …

F Zum Zeitpunkt der Einführung des neuen Meldesystems …

4 **Schreiben Sie die Sätze so um, dass die unterstrichenen Wendungen im Verbalstil verfasst sind.**

Beispiel:
In der modernen Fabrik **findet** auch **Kommunikation** der Maschinen miteinander **statt**. → *In der modernen Fabrik **kommunizieren** auch Maschinen miteinander.*

A Die **Berechnung** der Lieferzeit **durch** die Maschine führt **zu einer Erhöhung** der Kundenzufriedenheit.

B **Mit** weiteren **Investitionen** in IT-Systeme ließe sich **eine Beschleunigung** der Produktion und **eine Einsparung** von Energie erreichen.

C **Anwesende** auf einer Baustelle **unterliegen der Pflicht zum Tragen von** Schutzhelmen.

D **Die Handynutzung** während der Arbeitszeit stellt **ein Verstoßen** gegen die Betriebsvereinbarung dar.

Der Nominalstil

Von Nominalstil spricht man, wenn Sätze von Substantiven (Nomen) und Substantivierungen geprägt sind und entsprechend weniger Verben und Adjektive verwendet werden.

Man findet diesen Stil in wissenschaftlichen und fachsprachlichen Texten, aber auch in Texten von Behörden und Banken. Er zeichnet sich dadurch aus, dass er die Informationsdichte erhöht, genauer sein kann, den sprachlichen Ausdruck verkürzt.

Verbalstil verwenden

Man sollte deshalb nach Möglichkeit den Verbalstil verwenden. Er entspricht eher der gewohnten Ausdrucksweise, wirkt lebendiger, ist leichter verständlich und anschaulicher.

Beispiel:
Eine Erhöhung der Arbeitsleistung führt zu einer Kostenreduktion.

→ *Wenn die Arbeitsleistung erhöht wird, führt dies dazu, dass die Kosten reduziert werden.*

In seltenen Fällen kann die nominale Fügung bewusst verwendet werden und mehr aussagen als das einfache Verb.

Beispiel:
In Erwägung ziehen (= **nominale Fügung**, anstatt: erwägen):
Der Verfasser betont den Ablauf des Vorgangs und hebt die sorgfältige Prüfung hervor.

Wechseln Sie im Satzbau ab, damit Ihr Text lebendiger wirkt.

1 **Formulieren Sie die Sätze um, indem Sie mit den fett gedruckten Begriffen beginnen.**

A ⌐ Eine Drohnenkamera liefert **Daten über die Saatgutreihen**.
B ⌐ Er kann **die Landmaschinen** so steuern, dass sie absolut präzise fahren.
C ⌐ Er erhält **auch** Daten über die Stoppelreihen des Vorjahres.
D ⌐ Seine Maschinen können **so** zwischen den Reihen des Vorjahres sähen.
E ⌐ Die grünen Fruchtreihen verlaufen **fast durchweg** parallel.
F ⌐ Ein Durcheinander setzt **im letzten Drittel des Feldes** ein.
G ⌐ Das Signal aus dem All setzte hier **vermutlich** ein paar Sekunden aus.
H ⌐ Man muss **in diesem Fall** den Autopiloten sofort ausschalten.

2 **Notieren Sie den Satz mit jeweils zwei alternativen Satzanfängen.**

A ⌐ Man muss trotzdem aufpassen.
B ⌐ Man kann sich nicht immer auf die automatische Steuerung verlassen.
C ⌐ Zeit und Platz lassen sich optimal nutzen.
D ⌐ Die Maschinen sind auf Ausnahmesituationen nicht vorbereitet.

3 **Ändern Sie in mindestens einem der Sätze die Satzstellung, sodass nicht alle gleich aufgebaut sind.**

A ⌐ Sie fürchtete manchmal, dass das traditionelle Wissen verloren geht. Ein Unternehmen kann aber ohne dieses nicht geführt werden. Menschen, die mit der Natur arbeiten, wissen das.
B ⌐ Der Arbeitszeitbedarf für diese Tätigkeit lag im vorigen Jahrhundert bei 200 Arbeitsstunden. Der Einsatz von Maschinen verringerte den Bedarf auf die Hälfte der Zeit. Moderne Maschinen kommen bei dieser Arbeit heute mit vier Stunden aus.

4 **Formulieren Sie die Sätze neu. Stellen Sie sie so um, dass das Verständnis erleichtert wird und Bezüge klar sind.**

A ⌐ Es stellt sich die Frage, was mit den Saisonarbeitern, die bisher die Erdbeeren pflücken, passiert, wenn es Maschinen gibt, die ähnlich sehen und tasten können wie Menschen, wenn diese überflüssig werden.
B ⌐ Jede Innovation in der Landwirtschaft wird mit viel Skepsis, da über Jahre hinweg übermäßig gedüngt und gespritzt wurde, betrachtet, und auch die Tierhaltung teilweise unwürdig war, sodass sich der Landwirt immer in einer Verteidigungsposition befindet.
C ⌐ Manchmal wird er von Radfahrern, Hundehaltern oder Joggern, die die Feldwege bevorzugt wählen, da sie sich dort ungestört fühlen, beschimpft, wenn er mit seinem Traktor und breiten Gefährt auf dem Weg, der eigentlich für seine Arbeit bestimmt ist, fährt.

Im Satzbau abwechseln

Stets gleicher Satzbau kann ermüdend wirken, falls er nicht als bewusstes Stilmittel eingesetzt wird.

Wechseln Sie also im Satzbau ab, indem Sie nicht immer nur die Grundstruktur anwenden: Subjekt – Prädikat – Objekt.

Beginnen Sie einen Satz auch einmal **mit**
– einem Objekt,

Beispiel:
Den Rest der Arbeit verschob er auf morgen.

– einem Adverb/einer adverbialen Bestimmung,

Beispiele:
Noch am selben Tag baute er alles zusammen.
Völlig erschöpft verrichtete er die letzten Feinarbeiten.

– einem Verb,

Beispiel:
Gewonnen hatte er bis dahin noch nichts.

– einem Adjektiv.

Beispiel:
Stolz war er trotzdem.

Satzgefüge einfach konstruieren

Konstruieren Sie ein Gefüge aus Haupt- und Nebensätzen so, dass das Verständnis erleichtert wird, indem Sie inhaltliche Aussagen möglichst im jeweiligen Satz abschließen.

Beispiel:

Sie befindet sich eigentlich, wenn man nur ihre finanzielle Situation betrachtet, in einer günstigen, verglichen mit Frauen in einer ähnlichen Situation, Lage.

→ *Sie befindet sich eigentlich in einer günstigen Lage, wenn man nur ihre finanzielle Situation betrachtet und diese mit der von Frauen in einer ähnlichen Situation vergleicht.*

Beachten Sie die richtigen grammatischen Formen und halten Sie sich im Stil an schriftsprachliche Ausdrucksweisen.

1 **Setzen Sie das Verb (in Klammern) in der korrekten Form im Präsens ein.**

A Eine große Auswahl an unterschiedlichen Gerichten ▨ den Vierbeinern zur Verfügung. (stehen)

B Die Entscheidung ▨ die Halterin beziehungsweise der Halter. (treffen)

C Der Speisezettel sowohl für Katzen wie für Hunde ▨ vielfältig. (sein)

D Gerichte mit erlesenen Zutaten ▨ ebenso ▨ wie ein Luxusgericht. (angeboten werden)

E Sowohl herkömmliche Kost wie auch Bio-Kost ▨ im Sortiment. (sich befinden)

F Zweimal pro Woche ▨ mit einem Sonderangebot für Katzennahrung und Hundefutter ▨. (geworben werden)

G Die gesamte Gestaltung, von den Bildern bis zu den Texten auf der Verpackung, ▨ ansprechend. (wirken)

H Weder eine teure Werbekampagne noch ein niedriger Preis ▨ den hohen Absatz. (beflügeln)

2 **Schreiben Sie die präpositionalen Ausdrücke korrekt, in denen der Kasus falsch gebraucht wird.**

A Trotz der starken Konkurrenz waren sie während dem ganzen Vorjahr erfolgreich.

B Wegen dem Gedränge am Verkaufsstand waren statt einem intensiven Beratungsgespräch nur kurze Auskünfte möglich.

C Aufgrund dieser Erfahrungen, aber auch aufgrund dem Sinn dieser Aktion wird eine andere Organisation nötig sein.

3 **Formulieren Sie die Sätze so um, dass jeder Satz mit einer einleitenden Konjunktion zunächst zu Ende geführt wird.**

A Das ist kein Scherz mehr, weil wenn du das tust, machst du dich strafbar.

B Du denkst, dass wenn das nicht deine Absicht war, du auch nicht schuld bist.

C Obwohl wenn man das von der anderen Seite betrachtet, kannst du durchaus richtig liegen.

D Es ist meist so, dass wenn du an diesem Punkt sparst, du an anderer Stelle wieder zu viel Geld ausgibst.

E „Der Klügere gibt nach", weil wenn du so weitermachst, kostet dich das nicht nur Nerven, sondern auch Geld.

Übereinstimmung von Subjekt und Prädikat

Steht das Subjekt im Singular, muss auch das Prädikat im Singular stehen. Entsprechend gilt das für Pluralformen.

Sind mehrere Subjekte durch anreihende Konjunktionen (*und, weder ... noch, sowohl ... als auch*) verbunden, verlangt auch das Prädikat den Plural.

Beispiel:

Weder ein Papierstau *noch* ein geringer Tintenstand *können* in einer Sekunde behoben werden.

Werden die Subjekte durch ausschließende Konjunktionen (*oder, entweder ... oder*) verknüpft, steht das Prädikat im Singular.

Beispiel:

Es ist unklar, ob eher der Hundehalter oder das Tier die Feinkost wünscht.

Den richtigen Kasus wählen

Wählen Sie in der Schriftsprache den Genitiv nach den folgenden Präpositionen: *aufgrund, statt, trotz, während, wegen.*

Beispiel:

während dem Urlaub → *während des Urlaubs*

Zwei direkt aufeinanderfolgende Konjunktionen vermeiden

Führen Sie in der Schriftsprache zuerst einen Satz zu Ende und schließen Sie dann den nächsten an.

Beispiel:
Er glaubt, dass wenn er nicht auf den Fehler hinweist, ihn auch keiner bemerkt.
→ *Er glaubt, dass keiner den Fehler bemerkt, wenn er nicht darauf hinweist.*

 **Lösungen**
85c5nq